고요해지기 위해 씁니다

한 줄 필사로 단정해지는 마음
고요해지기 위해 씁니다

조미정 지음

해냄

| 서문 |

이제 펜을 들고, 숨을 고릅니다

　생활의 흔적이 깃든 테이블 위에 읽다 만 책과 노트와 펜, 메모지들이 너저분하게 놓여 있습니다. 어수선한 풍경이 거슬리지는 않아요. 번뜩이는 통찰은 언제나 혼란 속에서 태어나거든요. 거실 불을 소등하고 작은 램프를 켜면, 편안한 혼란 속에서 밤의 독서 일과가 시작됩니다. 느린 템포의 음악을 이끄는 지휘자처럼 필사의 리듬에 사뿐히 올라탈 준비를 합니다. 지휘자가 악보를 펼치고 지휘봉을 든 채 숨을 가다듬듯이, 책과 노트를 펴고 펜을 든 채 숨을 고릅니다. 필사에도 음악처럼 프렐류드(prelude)가 있는 걸, 느껴본 적 있으신가요?
　이제, 검은색 잉크가 종이에 스며들며 음표처럼 글자가 흘러나옵니다. 쓰기의 리듬 위에서 자유로이 유영하며, 때로 춤을 추듯 글자를 써 나가요. 쓸수록 마음은 온유해집니다. 밤의 정경은 더욱더 은은하게 깊어지고요. 지구 너머 존재들이 다정하게 묻습니다. 너의 하루는 어땠느냐고, 너의 요즘은 안녕하냐고. 대답이 어려울 때는 책 속의 문장을 대신 꺼내 보입니다.

필사를 시작한 건 2018년 9월이었습니다. 〈미료의 독서노트〉 유튜브 채널도 그때 열었고요. 콘텐츠를 만들고 일이 년쯤 지나자 필사의 매력을 나누고 싶어져서, 충동적으로 〈재밌어서 씁니다〉라는 이름으로 온라인 필사 모임을 시작했습니다. 그때는 필사가 유행도 아니었고 기록 콘텐츠도 드물었으니 나름 선두주자였다는 설레발을 쳐보고 싶네요.

그렇게 시작한 모임이 6년이나 이어질 줄은 몰랐습니다. 30일 필사 챌린지로 시작한 모임은 점차 벽돌책 읽기, 고전 문학 읽기, 글쓰기 모임, 1일 1편 단편 소설 읽기 등으로 가지를 뻗었습니다. 제가 진행하는 모임은 비유하자면 시골 마을의 작은 구멍가게입니다. 우연히 길을 가다 호기심에 들러 부담 없이 둘러보고 가는 곳, 작은 가게의 가치를 알아보는 사람만이 알음알음 찾아오는 곳입니다. '별로 볼 게 없네' 하고 나가는 분도 있고, 작은 가게의 편안함에 매료되어 찾아주는 분도 있습니다.

필사를 사랑하게 된 만큼, 저는 필사하는 모든 이는 물론이고 타인의 필사를 구경만 하는 사람들도 사랑하게 되었습니다. 책과 기록을 매개로 시공간을 뛰어넘어 수많은 이들을 만나면서, 그동안 제 안에 있던 세상과 인간에 대한 냉소 그리고 크고 작은 경멸과 화해하게 되었습니다. 우리는 언어로 이어진 존재인 동시에 언어 너머에서 더 깊게 연결된 존재라는 걸, 쓰는 행위로부터 드러나는 인간의 참된 본질을 만나게 된 것이지요.

매일의 밥상에서 바람과 물, 농부의 땀방울을 느낄 줄 아는 사람은 일상의 밀도와 질이 달라집니다. 마찬가지로 여러분이 사용하는 언어가 어디에서 시작됐는지 헤아린다면, 필사 시간이 한층 더 특별하게 다가오지 않을까요.

한글은 선과 면이 어우러져 그림처럼 완성되는 언어입니다. 각각의 선과 면은 다양하게 변주되어 쓰는 이의 개성을 담은 리듬과 균형을 만들어내지요. 자음과 모음을 어떻게 배치하느냐에 따라 새로운 조형미를 만들 수 있다는 것도 한글의 대단한 점이 아닐까 합니다. 대부분의 문자가 수 세기 동안 서서히 완성된 것과 달리, 한글은 한 국가의 지도자가 백성을 깊이 사랑하는 마음으로 단숨에 만들어낸 문자입니다. 그 사실을 떠올려 보면, 필사할 때마다 우리가 얼마나 귀하게 사랑받아 온 존재인지 새삼 느낄 수도 있을 테지요.

자음과 모음을 뜨개질하듯 엮는 이가 있습니다. 그가 완성하려는 것이 스웨터일지 모자일지도 궁금하지만, 저는 다른 데 더 관심이 있습니다. 한 올 한 올 문장을 직조하는 이의 심원한 눈동자, 텅 빈 시간의 궤적을 그리는 우아한 손놀림, 춥고 시린 겨울을 대비해 일찍이 온기를 마련하는 그 웅숭깊은 마음을 상상하는 일이 좋습니다.

춥고 시린 날을 대비해 노트에 차곡차곡 모은 문장들은 장작처럼 불을 지펴 당신을 따뜻하게 데워줄지 모릅니다. 온기를 품은 문장을 털장갑처럼 끼고 꽁꽁 언 땅 위를 제법 씩씩하게 걸어가게 될지도 모르고요. 속 시끄러운 마음에 어쩐지 잠 못 이루는 밤, 책상에 앉아 한 문장 써보는 일은 따뜻한 허브티처럼 심신을 안정시켜 줄 겁니다. 그때 불현듯 만나는 고요 속에서 우리는, 요란하고 소란한 내면의 목소리들이 거짓이었음을 확인하게 됩니다. 우리의 정체가 바로 그 다정한 고요였음을, 우리는 침묵 속에서 태어나 침묵으로 사라지는 존재라는 것을 기쁘게 발견하게 될 겁니다.

여러분이 고요한 문장을 끌어안고 푹 잠에 들기를, 그 문장들이 아름다운 멜로디로 꿈결처럼 흐르길 바라면서, 좋아하는 문장을 실었습니다. 지난 7년 동안 쓴 독서노트를 뒤적이며, 제 삶에 묵직하고도 단단한 고요함을 가져다준 글귀를 고심해서 골랐습니다. 필사할 문장을 소개하기에 앞서, 해당 문장에 관한 저의 짤막한 메모들을 실었습니다. 단순히 필사만 하는 것이 아니라, 여러분만의 생각과 감상을 함께 적어보는 데 영감이 되었으면 합니다. 오독의 여지가 있음에도 귀한 문장들을 한자리에 모을 수 있도록 허락해 주신 작가님들과 출판사에 감사드립니다. 필사하며 유독 와닿은 문장이 있다면 꼭 원시를 직접 읽어보시면 좋겠습니다.

2025년 9월
조미정

차례

서문 | 이제 펜을 들고, 숨을 고릅니다　04

Part 01 멈춤, 속도를 늦추면 보이는 마음

01 작은 소음이 주는 유쾌한 기분　18
『설득』 제인 오스틴

02 자기 안에 아무것도 없어야 들을 수 있어요　22
『무한화서』 이성복

03 봉투도 비밀도 없이 전적으로 열린 채　26
『봄여름가을겨울』 진은영

04 가을꽃들은 아침 녘까지 잠들어 있었다　30
『카라마조프가의 형제들 2』 표도르 도스토옙스키

05 그 '자율저녁감상' 시간은 한동안 이어지다가　34
『시와 산책』 한정원

06 늘 앞으로 하루가 있을 거라는 느낌　38
『바르도의 링컨』 조지 손더스

07 '단련의 미'가 쟁쟁히 빛나게 됩니다　42
『감옥으로부터의 사색』 신영복

08 사람을 취미로 해서 좋은 점은   46
『사람이 취미』 임지은

09 우주의 에너지가 돌고 돌아   50
『더 해빙』 이서윤·홍주연

10 나는 아주 잠깐 여름 저녁의 냄새와 색채를 알아보았다   54
『이방인』 알베르 카뮈

11 첫 생각이 일어날 때 탁 알아차리는 것   58
『전현수 박사의 불교정신치료 강의』 전현수

12 매일의 세계의 톱니바퀴 사이에는 틈이 있고   62
『우리의 인생이 겨울을 지날 때』 캐서린 메이

13 소나무에 대해선 소나무에게 배우고   66
『바쇼 하이쿠 선집』 마쓰오 바쇼

14 우리의 전 존재를 활용하는 능동적인 독서   70
『도스토옙스키 깊이 읽기』 석영중

15 자리잡는 옷자락 소리 아직 풍기시는 듯   74
『무서록』 이태준

16 순수하고 사욕이 없는 이타주의라는 것은   78
『이기적 유전자』 리처드 도킨스

17 공책은 잡초와 그늘이 어우러져 노는 빈마당   82
『쓰는 기분』 박연준

18 사실 이 세상엔 아무 일이 없습니다   86
『법상의 슬기로운 생활수행』 법상 스님

19 때때로 벽에다 손을 대어보곤 했다 90
『말테의 수기』 라이너 마리아 릴케

20 고통이 아닌 의미를, 게으름이 아닌 충실함을 94
『내가 커지면 문제는 작아진다』 문요한

21 그건 일종의 자유다 연습할 수 없는 것이다 98
『개구리 수프』 아잔 브라흐마·귀쥔 선사

Part 02 호흡, 잊었던 리듬을 찾는 방법

22 실패할 수밖에 없는 노력 104
『삶으로 다시 떠오르기』 에크하르트 톨레

23 감사의 속뜻은 겸손이다 108
『감사의 재발견』 제러미 애덤 스미스 외 3인

24 내가 보는 '나'와 남이 보는 '나'가 다른 것은 물론이고 112
『홀가분』 정혜신·이명수

25 어느 날 우리는 사람이었는데 116
『사랑의 역사』 니콜 크라우스

26 메밀가루포대가 그득하니 쌓인 웃간은 120
「산숙(山宿) - 산중음(山中吟)1」 백석

27 숲의 짐승보다 조심스런 움직임으로 124
『부처님의 생애』 대한불교조계종 교육원 부처님의 생애 편찬위원회

28 남이 가진 것을 빼앗지 않아도 당신은 그것을 가질 수 있다 128
『부는 어디서 오는가』 월리스 와틀스

29 그림과 글자는 한 몸에서 분화했다 132
『글자 풍경』 유지원

30 우리가 현재의 모습이 된 것은 136
『생각하라 그리고 부자가 되어라』 나폴레온 힐

31 역시 저녁은 애수 어린 휴식의 시간 같았지 140
『이방인』 알베르 카뮈

32 처음부터 우리가 책을 읽는 건 아니다 144
『작은 파티 드레스』 크리스티앙 보뱅

33 그 순간 전 모든 이야기로부터 자유로워진 거예요 148
『진주의 결말』 김연수

34 이렇게 하지 않는 것을 무소유라고 합니다 152
『건너가는 자』 최진석

35 한 종이 희귀해지는 것에는 전혀 놀라지 않으면서도 156
『종의 기원』 찰스 다윈

36 아름다움에 대한 최초의 알아봄은 160
『삶으로 다시 떠오르기』 에크하르트 톨레

37 가뿐한 거주는 방랑이 됩니다 164
『선불교의 철학』 한병철

38 꿈꾸는 모든 존재가 폭 잠들기를 바랍니다 168
「작가노트: 펜, 깃털 그리고 환영 인사」 김멜라

39 그것은 누구에게나 빛나는 날들이었다 172
『수레바퀴 아래서』 헤르만 헤세

40 선과 악 사이에 역동적인 균형을 유지할 수 있는 사람 176
『현대 물리학과 동양사상』 프리초프 카프라

Part 03 고독, 혼자가 편안해지는 시간

41 엄마가 웃으면 배가 따듯해진다 182
『너무 보고플 땐 눈이 온다』 고명재

42 다정한 흙은 조금도 서두르지 않고 186
『대지』 펄 S. 벅

43 사랑이라는 단어의 촉감을 잃어버렸을 때 190
『당신을 사랑할 수 있어 참 좋았다』 곽재구

44 지나친 다정함의 고통을 알 수 있기를 194
『예언자』 칼릴 지브란

45 괴로움이 그대에게 있으므로 198
「이별 2」 이성복

46 우리의 허언들만이 웅성이고 있었다 202
「우리의 허언들만이」 박준

47 나는 나의 행복을 천직으로 받아들였다 206
『지상의 양식』 앙드레 지드

48 몇 생을 찾아 헤맨 게 바로 이 냄새가 아니었던가 210
『후남아, 밥 먹어라』 박완서

49 만일 내가 참으로 한 사람을 사랑한다면 214
『사랑의 기술』 에리히 프롬

50 서창에 걸린 해말간 풍경화 218
『황혼이 바다가 되어』 윤동주

51 그녀는 초음속의 시간을 살았다 222
『별의 시간』 클라리시 리스펙토르

52 밤하늘의 별을 자주 바라보는 까닭을 알 것 같습니다 226
『더불어 숲』 신영복

53 유리에 차고 슬픈 것이 어른거린다 230
『유리창 1』 정지용

54 상황을 철저하게 통제하려 드는 사람일수록 234
『내가 틀릴 수도 있습니다』 비욘 나티코 린데블라드

55 그것이 바로 두 사람이 합쳐지는 결혼의 순간이었다 238
『대지』 펄 S. 벅

56 고요하고 온화한 여름날의 저녁이 화성에 드리웠다 242
『화성 연대기』 레이 브래드버리

57 삼월이 오는 푸른 샛강에 그대를 보내며 246
『애가 1』 이성복

58 모든 이들이 마치 잠든 것처럼 보였으나 250
『의식 혁명』 데이비드 호킨스

59 그대에게 권하노라! 모든 일에 하늘을 원망하지 말라! 254
『명심보감』 이한우

Part 04 고요, 비로소 홀로 머무를 수 있는 마음

60 그녀는 홀로 자기 자신이 될 수 있었다 260
『등대로』 버지니아 울프

61 아주 많은 사람이 영원히 이 절벽에 매달려 있다 264
『데미안』 헤르만 헤세

62 인간은 자기 자신과 대면한다 268
『안과 겉』 알베르 카뮈

63 당신의 진짜 모습으로 실패하거나 성공하라 272
『타이탄의 도구들』 팀 페리스

64 나는 세상을 향해 생명의 빛을 내뿜는 존재였다 276
『나는 내가 죽었다고 생각했습니다』 질 볼트 테일러

65 내가 당신을 사랑하는 것은 280
「사랑하는 까닭」 한용운

66 침대에 그냥 죽치고 있을 수는 없어 284
『변신』 프란츠 카프카

67 나는 지그시 견디고 있는 힘을 다해 예의 바르다 288
「여름」 알베르 카뮈

68 우리가 태어나서 죽을 때까지 맺는 온갖 관계 중에서　292
『내가 틀릴 수도 있습니다』 비욘 나티코 린데블라드

69 살고자 하는 일이 찬란이었으므로　296
「찬란」 이병률

70 삶의 모든 형태를 나는 맛보고 싶었다　300
『지상의 양식』 앙드레 지드

71 스스로에게 거짓말을 하는 사람들은　304
『카라마조프가의 형제들 1』 표도르 도스토옙스키

72 하늘에서는 꽃비가 쏟아졌다　308
『부처님의 생애』 대한불교조계종 교육원 부처님의 생애 편찬위원회

73 헌신의 결정으로부터 일련의 사건들이 일어나고　312
『성공하는 사람들의 7가지 습관』 스티븐 코비

74 무언가가 된다는 것은 하나의 과정이고　316
『비커밍』 미셸 오바마

75 지혜로운 이는 자기를 다룬다　320
『불교 성전』 불교성전편찬회

76 그것만이 나의 직분이었다　324
『데미안』 헤르만 헤세

77 아마 그 몇백 개를 다 합치면 정말 자기일지도 모르지　328
『생의 한가운데』 루이제 린저

Part 01

멈춤, 속도를 늦추면 보이는 마음

01

작은 소음이 주는
유쾌한 기분

고요를 말하기 전에, 먼저 소음을 이야기하고 싶다. 흔히 고요는 나를 방해하는 미세한 잡음도 허락하지 않는 상태라고들 생각하지만 진정한 고요는 온갖 소리 안에서 진정되는 일이다.

공공장소에서 악을 쓰고 우는 아기의 울음 소리와 아픈 사람의 멈추지 않는 기침, 한밤중 잠 못 들게 우는 귀뚜라미 소음과 미움과 분노로 얼룩진 내면의 소란 속에서도 몸과 마음의 여백을 발견해 보는 일이다. 생명은 언제나 약간의 소란을 품고 있다. 시끄러움은 살아 있다는 증거다. 누구라도 빈 방에 꼼짝없이 갇히게 된다면 미워하는 사람의 목소리와 숨소리마저 그리워하게 될 것이다. 아옹다옹 다투고, 아등바등 겨루는 지긋지긋한 삶의 북새통이 실은 얼마나 사랑스러운 풍경이었는지를 뒤늦게 깨닫게 될 것이다.

침묵은 귀하지만 소음의 우위에 놓지는 않기도 한다.

『설득』, 제인 오스틴

　누구든 다른 모든 것에 대해서와 마찬가지로 소음에 대해서도 나름의 취향이 있는 법이다. 소리란 그 크기보다도 성격에 따라서 전적으로 무해할 수도 암울할 수도 있다. 그 방문이 있고 얼마 지나지 않은 어느 비 오는 날 오후, 레이디 러셀은 바스의 올드 브리지에서 캠던 플레이스에 이르는 꽤 먼 길을 마차로 지나게 되었다. 여행하는 동안 주변에서 다른 마차들이 서둘러 지나가고 수레와 짐마차 따위가 요란하게 덜컹거렸으며, 신문팔이, 빵 장수, 우유 장수 등이 시끄럽게 소리를 지르고 온갖 종류의 종소리가 들려왔지만 레이디 러셀은 조금도 불평하지 않았다. 오히려 이런 소음을 겨울이 가져다주는 즐거움의 일부로 여겨 한껏 기분이 좋아 보이기까지 했다. 비록 말은 하지 않았지만, 머스그로브 부인이 자기 집에서 그렇게 느꼈던 것처럼 레이디 러셀도 오랫동안 시골에 있다가 이런 작은 소음이 주는 유쾌한 기분에 젖는 것이 매우 도움이 된다고 느끼고 있었다.

_전승희 옮김, 민음사, 2017년, 196-197쪽

02

자기 안에 아무것도 없어야
들을 수 있어요

환하게 비어 있는 마음만이 타인의 말을 경청할 수 있다. 경청은 해탈의 영역이다. 마음에 아무런 걸림이 없는 사람만이 지치지 않고 상대를 존중하며 대화를 이어간다.
    경청의 기술을 어설프게 흉내 냈다간 삐끗해서 탈이 날 수 있다. 남의 하소연이나 뒷담화만 일방적으로 서너 시간씩 듣다가 기력이 다 소진된 채로 집에 돌아오지 않으려면, 경청은 고수들이 부리는 테크닉임을 먼저 인정해야 할 것 같다.

『무한화서』, 이성복

구두를 하나 사야겠다고 생각하면 구두밖에 안 보여요. 왜? 보는 건 마음속에 있는 걸 보기 때문이에요. 자기 내면의 '이야기'를 보는 거지요. 하지만 듣는 건 달라요. 들을 때는 내 할 일이 별로 없어요. 보는 건 눈동자를 굴려야 하지만, 들을 때 달팽이관을 굴리지는 않잖아요. 듣는 건 정말 힘든 일이에요. 천명天命을 알고 나서 이순耳順한다고 하지요. 귀를 기울일 때 귓구멍이 막혀 있으면 안 되지요. 자기 안에 아무것도 없어야 들을 수 있어요. 만약 귀라는 것이 이 말은 듣고 저 말은 안 듣는다면, 귀라 할 수 있겠어요. 귀는 '평등성'이에요. 작가를 말하는 사람이라 생각하면 착각이에요. 작가는 듣는 사람이에요. 듣는 사람과 미친 사람 사이에 있는 게 보통 사람이고요. 안 들으면 안 보여요. 소통이란 내 말을 들려주는 게 아니라 남의 말 듣는 거예요.

— 문학과지성사, 2015년, 174쪽

03

봉투도 비밀도 없이
전적으로 열린 채

글을 쓸 때는 백지가 두렵다. 종이에 적힐 문장이 별로일 것을 미리 알기 때문이다. 별로인 문장을 직시하고 고쳐 나가는 일은 쉽지 않다. 더 적합한 단어를 찾아 헤매고 불필요한 조사와 접속사를 지우고 문장의 순서를 바꿔도 보다가, 기껏 쓴 글을 다 삭제하고는 후회한다.

 반면 필사를 할 때는 백지가 든든하다. 누군가 고심해서 쓴 완전한 문장이 내 앞에 거저 주어진다. 레스토랑에 가서는 음식을 요리할 필요 없이 음미만 하면 되는 것처럼, 공짜로 문장을 대접받는다.

「봄여름가을겨울」, 진은영

작은 엽서처럼 네게로 갔다. 봉투도 비밀도 없이. 전적으로 열린 채. 오후의 장미처럼 벌어져 여름비가 내렸다. 나는 네 밑에 있다. 네가 쏟은 커피에 젖은 냅킨처럼. 만개의 파란 전구가 마음에 켜진 듯. 가을이 왔다. 내 영혼은 잠옷 차림을 하고서 돌아다닌다. 맨홀 뚜껑 위에 쌓인 눈을 맨발로 밟으며

_ 『나는 오래된 거리처럼 너를 사랑하고』 문학과지성사, 2022년, 75쪽

04

가을꽃들은 아침 녘까지
잠들어 있었다

기도란 가장 낮은 자세로 질문하는 일이다. 나는 누구인가요, 지금 무엇을 해야 할까요, 불안과 두려움은 어디에서 오나요.
　홀로 기도하는 것만으로 답을 찾기가 막막할 때 책을 편다. 기도문 같은 문장을 받아 적으며 거듭 질문을 던진다. 자음과 모음을 수풀처럼 헤치며, 쉼표와 마침표를 자갈처럼 밟으며 나아가는 독서의 여정. 순롓길을 걷듯 깊은 몰입 속에서 진실한 답을 찾아가는 신실한 필사의 길.
　때로, 기도하는 마음으로 필사를 한다. 필사는 자신을 새롭게 창조하는 일이다.

『카라마조프가의 형제들 2』,
표도르 도스토옙스키

  환희로 가득 찬 그의 영혼은 자유를, 공간을, 드넓음을 갈망했다. 그의 위로 조용하게 빛나는 별들로 가득 찬, 둥근 지붕 같은 하늘이 드넓게, 아득하게 펼쳐졌다. 천정에서 지평선까지는 아직 그다지 선명하지는 않은 은하수가 두 줄로 나뉘어져 있었다. 신선하고 움직임이 전혀 없을 만큼 조용한 밤이 땅을 뒤덮고 있었던 것이다. 하얀 탑과 성당의 황금빛 머리들의 호박(琥珀) 빛의 하늘에서 빛나고 있었다. 건물 주위의 화단에서 자라난 화려한 가을꽃들은 아침 녘까지 잠들어 있었다. 땅의 고요함이 하늘의 고요함과 뒤섞이는 듯했으며, 땅의 비밀이 별들의 비밀과 접촉하는 듯했다……. 알료샤는 그 자리에 선 채로 바라보다가 갑자기 다리라도 꺾인 양 땅으로 몸을 던졌다.

— 김연경 옮김, 민음사, 2007년, 185-186쪽

05

그 '자율저녁감상' 시간은
한동안 이어지다가

아무것도 하지 않는 시간을 일부러 마련한다. 빈손으로 외출해서 가만히 앉아 있다 돌아오는 시간. 오늘은 해변에 털썩 앉았다.

냇가에 띄워 놓은 수박처럼 탐스러운 사람들 얼굴이 바다 위에 동동 떠 있다. 늦은 오후 파도의 한기를 모른 채 황홀해하는 사람들. 첨벙, 누군가 또 뛰어든다. 세계 전체와 포옹을 하듯 짙은 해양을 덥석 끌어안는다. 늙은 고래처럼 천천히 움직이는 화물선은 곧 항구에 정박해 짐을 토해낼 것이다. 험난한 대양을 가르는 동안, 그 배는 무엇을 보았을까. 선체에 태산처럼 쌓인 화물은 제각각 어떤 이야기를 감추고 있을까.

살아 있는 것이나 그렇지 않은 것이나, 모든 존재는 그 자체로 이야기다. 영원히 언어로 설명될 수 없고, 그저 존재 자체로 납득해야 하는 이야기가 있다. 수평선 너머로 붉게 넘어가는 해의 이야기가 그렇다. 손주를 향한 조부모의 눈빛처럼 자애롭고 따스한 빛, 빈손으로 그 빛을 바라보는 일, 그것이 우리가 누릴 수 있는 최고의 사치다. 가끔은 글자 없는 세계에서 여여히 쉴 것.

『시와 산책』, 한정원

    책상을 밟고 올라가 뒤꿈치를 들면, 복도 천장 가까이 난 서쪽 창으로 하늘이 보였다. 노을은 있기도 없기도 했다. 세상에는 왜 서쪽이 있는지, 서쪽은 왜 아름다운지, 아름다운데 왜 두려운지, 그런 답이 없는 질문들을 거기 서서 얼마든지 할 수 있었다. 뻔한 마술처럼 눈앞의 풍경이 어둠에 스며 사라지고, 창 위로 내 얼굴이 비치는 것을 보고서야, 나는 할 수 없다는 듯 책상에서 내려왔다.
    그 '자율저녁감상' 시간은 한동안 이어지다가, 어느 순간부터 책상을 딛고 올라가 창밖을 보는 대신 책상 위에 시집을 두고 읽기 시작했다. 시 안에도 서쪽이 많고, 나처럼 서쪽을 바라보는 얼굴들이 있었다.

                                                                      _ 시간의흐름, 2020년, 123쪽

06

늘 앞으로
하루가 있을 거라는 느낌

행복을 주는 귀여운 목록들.
생각해 내기 어렵다면 책 속에서 힌트를 찾아볼 것.

『바르도의 링컨』, 조지 손더스

누군가 너에게 좋은 마음으로 좋은 일을 빌어주는 것, 누군가 잊지 않고 편지를 써주는 것, 누군가 네가 전혀 편치 않다는 것을 눈치채주는 것.

큰 접시 위의 죽음처럼 붉은 피가 흐르는 로스트 고기, 늦게 어떤 백묵-과-장작불-냄새나는 교사校舍로 달아날 때 손 밑의 산울타리 우듬지.

위에는 기러기, 아래는 클로버. 숨이 찰 때 자신의 숨소리.

눈의 물기에 별들의 들판이 흐려지는 것, 어깨에 얹은 터보건 썰매 때문에 쑤시는 부위, 장갑을 낀 손가락으로 성에가 낀 창에 쓰는 사랑하는 사람의 이름.

구두끈 묶기, 보따리의 매듭 묶기, 네 입 위에 포개진 입, 네 손 위에 포개진 손, 하루 끝내기, 하루 시작하기, 늘 앞으로 하루가 있을 거라는 느낌.

안녕, 이제 그 모든 것에 작별인사를 해야 돼요.

_ 정영목 옮김, 문학동네, 2018년, 477-478쪽

07

'단련의 미'가
쟁쟁히 빛나게 됩니다

필사를 시작하고 필적학(graphology)이라는 분야가 있다는 걸 처음 알았다. 필체로 사람의 성격과 심리 상태, 성향을 분석하는 학문이라고 한다. 글자의 모양, 크기, 기울기, 필압을 가지고 마음을 들여다보는 일의 객관성이 의심되면서도 중국 서예가들이 검을 다루듯 붓을 휘둘렀다는 이야기를 떠올리면 조금 신뢰가 간다.

　6년 전 독서노트를 꺼내서 과거의 내 필체를 관찰해 봤다. 마음이 앞서고 성급해 보였다. 꼬불꼬불하게 흐르다 흐지부지 마무리하는 모양새가 꼭 억지로 숙제하는 아이의 글씨 같았다. 지금의 필체를 나중에 보면 어떨까. 지나고 나서야 알게 되는 것들이 있다.

『감옥으로부터의 사색』, 신영복

 대부분의 사람들은, 글씨란 타고 나는 것이며 필재(筆才)가 없는 사람은 아무리 노력하여도 명필이 될 수 없다고 생각합니다. 그러나 저는 정반대의 생각을 가지고 있습니다.

 필재가 있는 사람의 글씨는 대체로 그 재능에 의존하기 때문에 일견 빼어나긴 하되 재능이 도리어 함정이 되어 손끝의 교(巧)를 벗어나기 어려운 데 비하여, 필재가 없는 사람의 글씨는 손끝으로 쓰는 것이 아니라 온몸으로 쓰기 때문에 그 속에 혼신의 힘과 정성이 배어 있어서 '단련의 미'가 쟁쟁히 빛나게 됩니다.

— 돌베개, 2018년, 241쪽

08

사람을 취미로 해서
좋은 점은

실은 가끔 남몰래 시를 쓴다. 문외한이지만 시는 어쩐지 남몰래 살다가, 남몰래 쓰는 장르라는 생각이 든다.

'남몰래'라는 단어가 풍기는 은밀함과 섹시함에 매료된다. 암호 코드 같은 언어의 외피를 씌우면 아픈 이야기나 남의 뒷담화도 간신히 아름답게 해볼 수 있다. 이해할 수 없는 모국어, 이해되지 않아서 편안한 모국어. 시인이 아니고 시집을 낼 일도 없으니 더욱이 기쁘게만 써볼 수 있다.

「사람이 취미」, 임지은

사람을 취미로 해서
좋은 점은
상처를 받지 않는다는 것이다

깨진 접시는 상처를 주지 않아
케첩은 상처를 주지 않아
흰옷에 묻으면
눈에 띄게 빨갛긴 하지만

식후의 낮잠은 습관이 되고
마라톤은 기록이 되지만
사람이 취미가 되면
뜨거운 아메리카노를
후후 불어 마시듯 사람이 되고
한여름 내리는 소나기만큼 사람이 된다

(……)

―『때때로 캥거루』 문학과지성사, 2021년, 58-59쪽

09

우주의 에너지가
돌고 돌아

텅 빈 채로 머무르려는 백지와 기어코 형태를 만드는 펜의 긴장 관계. 첫 글자 쓰기 전의 침묵이 어쩌면 필사의 모든 것인지도 모르겠다.

『더 해빙』, 이서윤·홍주연

"상생이란 내가 먼저 베풀면 우주의 에너지가 돌고 돌아 나에게 더 큰 행운으로 돌아온다는 의미예요. 목木, 화火, 토土, 금金, 수水로 이루어진 오행五行 개념을 생각해보면 이해가 쉬우실 거예요. 나무가 불의 땔감이 되어주면 불이 흙에 온기를 주고, 흙은 땅속에서 딱딱한 바위를 만들면 그 바위 사이에서 물이 나오게 되죠. 그리고 물이 다시 한 바퀴 돌아 나무를 키워주고요. 이것이 자연의 섭리죠."

— 수오서재, 2020년, 279-280쪽

10

나는 아주 잠깐
여름 저녁의 냄새와
색채를 알아보았다

나에게 남은 인생이 6개월 정도라거나 남은 생을 감옥에서 살아가야 한다면 오늘은 더 이상 반복되는 하루가 아니게 된다.

그러나 정도의 차이가 있을 뿐 누구나 시한부의 인생을 산다. 스스로 그물을 짜서 제 발로 잡히는 고기처럼, 자승자박의 감옥 살이를 자처해서 산다. 불안, 외로움, 우울, 공허, 냉소 같은 것으로 자신을 꽁꽁 묶는 데 삶을 소진해 버린다.

삶은 곧 끝나지만 그 어느 때보다 자유롭다는 사람을 우연히 만났다. 인생이 얼마나 남았는지는 생각보다 중요하지 않은지도 모르겠다.

『이방인』, 알베르 카뮈

　공판이 끝났다. 법원에서 나와 호송차에 오를 때 나는 아주 잠깐 여름 저녁의 냄새와 색채를 알아보았다. 움직이는 감옥의 어슴푸레함 속에서 나는, 마치 내 피곤의 바닥에서부터 길어 올리듯, 내가 사랑했던 도시와 내게 흡족함을 안겨 주던 어떤 특정한 시각이 발산하는 온갖 친숙한 소리들을 하나하나 다시 발견했다. 이미 완만하게 누그러진 대기를 향해 솟아오르는 신문팔이들의 외침, 작은 공원에서 지저귀는 마지막 새들, 샌드위치 장수들이 손님 부르는 소리, 도시의 경사진 모퉁이를 돌아가는 전차들의 신음, 그리고 다리 위로 밤이 내리기 전, 하늘에 번지는 저 수런거림……. 이 모든 것들이 내가 감옥에 들어가기 전부터 너무나 잘 알고 있던, 그러나 이제는 앞이 보이지 않는 맹목의 행로가 되어 가고 있었다. 그렇다. 때는 아주 오래전 내가 나 자신의 충만함을 느끼곤 하던 바로 그 시각이었다.

_ 김예령 옮김, 열린책들, 2011년, 136-137쪽

II

첫 생각이 일어날 때
탁 알아차리는 것

울화가 목구멍까지 차오른 날이 있었다. 그러나 평소처럼 반응하지는 않았다. 내면 깊은 곳에서부터 차오르는 무언가를 한 번은 삼켜 보기로 했다. '반응하지 않는 반응'이었다.

나에게 화를 불러온 사건의 진원을 캐내려 하기보다 무심히 흘러가도록 두었다. 가만히 두었더니 알아서 사라졌다. 재채기처럼, 방귀처럼 시시하게 사라졌다.

무시하거나 덮어두지 않고도 편안하게 받아들일 수 있다니, 새로운 경험이었다. 같은 상황이 재발했을 때 '반응하지 않는 반응'을 또 한번 하도록 각인시키고 싶어 기록해 둔다.

(이렇게 노트에 적어놓고 그 다음에도 실패했다. 다음엔 더 잘해볼 수 있길.)

『전현수 박사의 불교정신치료 강의』, 전현수

생각하고 있다는 걸 자각하는 게 보통 명상입니다. 명상을 해보면 처음 깨닫는 것이 '내가 이렇게 생각을 많이 하나!'입니다. 이전에도 생각을 그렇게 많이 하긴 했지만 자각하지 못하던 것을 명상을 하면 알아차리기 시작하는 겁니다.

자기한테 무엇이 일어나는지를 보기 시작하는 건 엄청나게 큰 수확입니다. 생각을 하는 도중에 '아 내가 생각하고 있었구나.' 하고 알아차리든, 생각이 미세하게 일어나려고 할 때 탁 알아차리든, 이렇게 생각을 계속해서 알아차리면 발전이 이뤄집니다. 제일 좋은 것은 첫 생각이 일어날 때 탁 알아차리는 것입니다. 그러면 생각이 나자마자 바로 사라져 없어집니다. 이게 불꽃놀이를 구경하는 것과 비슷합니다. 불꽃놀이에서 불꽃을 쏘아 올리면 팡 하고 터지고 바로 꺼지거든요. 그 다음엔 흔적도 없이 사라지지요.

__ 불광출판사, 2018년, 126-127쪽

12

매일의 세계의 톱니바퀴
사이에는 틈이 있고

'Black'의 소리를 좋아한다. 입술을 다물고 'B' 파열음을 터뜨리고 나면 그 묵직한 에너지는 L에서 부드럽게 흐르고 K에서 단단히 닫히며 차갑게 끝난다. 고요하고 묵직한 절단을 떠올리게 된다.
 블랙 잉크의 펜으로 필사를 한다. 다른 색의 펜이 침범하는 경우는 거의 없다. 블랙은 고독을 자처한다. 펜 안의 잉크는 응축된 하나의 감정이다. 과거의 기억들을 품은 밤하늘이고 누군가의 진한 눈동자다. 눈여겨보지 않았던 그림자다. 한데 고여 뭉쳐 있던 잉크들이 한 줄기씩 흘러나와 자음과 모음을 엮고 단어와 단어를 엮는다.
 블랙은 조금 슬픈 색이다. 그러나 아무리 슬퍼도 오열하거나 절규하는 법 없다. 피아노의 검은 건반처럼 낮은 음으로 깊게 침잠할 뿐이다. 그것은 겨울의 색과 닮아 있다. 그래서 블랙이 지나간 자리에는 언제나 꽃이 핀다.

『우리의 인생이 겨울을 지날 때』, 캐서린 메이

   매일의 세계의 톱니바퀴 사이에는 틈이 있고, 때로 그 톱니바퀴가 열리면 우리는 어딘가 다른 세계로 떨어진다. 그 어딘가 다른 세계는, 모든 사람들이 살아가는 지금 여기와는 다른 속도로 흘러간다. 어딘가 다른 세계에는 보이지 않는 곳에 숨어서 현실 세계의 사람들에게는 언뜻 보일까 말까 한 유령들이 산다. 어딘가 다른 세계는 지연된 시간 위에 존재하기에 현실 세계와 보조를 맞출 수 없다. 아마도 나는 이미 어딘가 다른 세계의 언저리에 위태롭게 서 있다가 마침내 마룻장 사이로 떨어지는 먼지처럼 가뿐하고 조용하게 그곳으로 떨어진 것이리라. 그곳이 내심 집처럼 편안한 기분이 들어 나는 놀랐다.
   겨울이 시작되었다.

― 이유진 옮김, 웅진지식하우스, 2021년, 16-17쪽

13

소나무에 대해선
소나무에게 배우고

어떤 글은 사람의 마음을 움직인다. 거기에 매료되어 작가가 되고 싶었다. 내 마음 먼저 움직여야 남의 마음 움직인다는 걸 몰랐다. 월급이 적다고, 퇴근이 늦다고 원망만 했다. 진흙탕 현실이 마음 닦는 수행처라는 걸 도무지 몰랐다.

『바쇼 하이쿠 선집』, 마쓰오 바쇼

소나무에 대해선 소나무에게 배우고,
대나무에 대해선 대나무에게 배우라.
그대 자신이 미리 가지고 있던 주관적인 생각을 벗어나야 한다
그렇지 않으면 자신의 생각을 대상에 강요하게 되고 배우지 않게 된다.
대상과 하나가 될 때 시는 저절로 흘러나온다.
그 대상을 깊이 들여다보고, 그 안에 감추어져
희미하게 빛나고 있는 것을 발견할 때 그 일이 일어난다.
아무리 멋진 단어들로 시를 꾸민다 해도
그대의 느낌이 자연스럽지 않고
대상과 그대 자신이 분리되어 있다면,
그때 그대의 시는 진정한 시가 아니라
단지 주관적인 위조품에 지나지 않는다.

— 류시화 옮김, 열림원, 2015년, 5쪽

14

우리의 전 존재를 활용하는
능동적인 독서

옛적, '진언 연구가'들은 우주와 공명하는 소리의 파동을 감지했다 한다. 그들은 인간이 어떤 소리를 낼 때 가장 아름답게 존재하는지 알았고 그 소리의 파동만으로도 인간의 몸과 마음이 정화될 수 있다고 믿었다.

육성으로 내뱉는 소리뿐 아니라 우리 내면의 소리도 파동을 갖추고 있을까. 책 읽는 사람이 아름답게 보이는 것은, 그가 책의 소리와 공명하고 있기 때문 아닐까.

몇 해 전 『카라마조프 가의 형제들』을 같이 읽는 온라인 모임을 진행했다. 한 명씩 순서대로 미리 준비해 온 책 속의 문장을 낭독했다. 같은 문장이라도 누가 읽느냐에 따라서 다르게 다가왔다. 낭독하는 음성에 그이가 살아온 역사가 담겨 있다고 느껴졌다. 책 속의 문장을 매질 삼아 각자가 살아온 삶의 파동을 공명시키는 순간이었다.

『도스토옙스키 깊이 읽기』, 석영중

    고대 수도자들은 성서를 읽을 때 오늘날과 같이 단순히 눈과 머리만 이용해서 대충 그리고 빨리 읽지 않았다. 그들은 천천히 눈으로 본 내용을 입술로 작게 소리 내어 직접 듣고 또 그것을 마음에 간직했다. 이것은 우리의 전 존재를 활용하는 능동적인 독서이다. 초기 수도자들의 작품들에서 독서(lectio)와 들음(auditio)이라는 두 용어는 자주 동의어로 사용되곤 했는데, 그것은 그들이 성서의 말씀을 읽으면서 동시에 귀 기울여 그 말씀을 들었기 때문이다. 그러므로 수도자들의 독서는 정확히 말하면 단순히 읽는 수행이라기보다는 오히려 말씀을 읽고 귀 기울여 듣는 수행이었다.

                                                     ― 열린책들, 2021년, 354-355쪽

15

자리잡는 옷자락 소리
아직 풍기시는 듯

침묵을 담은 문장, 고요를 수놓는 펜, 환하게 드러나는 무엇.

『무서록』, 이태준

　하늘이 튼다는 것은 끔찍한 일이었다. 사람으로는 모래알만큼 적어서 기다리고나 있어야 할 거대한 탄생이었다. 몇만 리 긴 성에 화광火光이 뜨듯 동해 언저리가 벙짓이 금이 도는 듯하더니 은하색 광채가 번져오르기 시작하는 것이다.
　우리는 스님을 앞세우고 조심조심 석굴로 올라왔다. 석굴은 아직 어두웠다. 무시무시하여 우리는 도리어 주춤거려 물러섰다. 아무도 무어라고 지껄이지 못하였다. 이윽고 공단 같은 짙은 어둠 위에 뿌연 환영의 드러나심, 그 부드러운 돌빛, 그 부드러우면서도 육중하신 어깨와 팔과 손길 놓으심, 쳐다보는 순간마다 분명히 알리시는 미소, 전신이 여명에 쪼여지실 때는, 이제 막 하강하신 듯, 자리잡는 옷자락 소리 아직 풍기시는 듯.

— 범우사, 1999년, 46-47쪽

16

순수하고 사욕이 없는
이타주의라는 것은

글쓰기 모임에서 '700억이 생긴다면 무엇을 할까?'라는 주제로 글을 쓴 적 있었다. 나는 혼자만의 도서관을 짓겠다고 썼다. 숲을 통째로 사들인 다음 아주 유명한 건축가를 섭외해서 근사한 3층 도서관을 만들고 싶었다. 일반인은 출입할 수 없고 죽으면 개방하겠다고도 덧붙였다. 써놓고 보니 너무 이기적인 처사여서 남은 돈은 사회에 기부하고 매주 월요일에는 오픈하는 것도 생각해 보겠다고 수정했다.

 700억이 있을 때 무엇을 하고 싶은지가 그 사람에 관해 의외로 많은 걸 얘기해 줬다. 무엇보다 충격적인 것은 700억도 마음만 먹으면 의외로 빨리 써버릴 수 있다는 점이었다.

『이기적 유전자』, 리처드 도킨스

 우리에게는 우리를 낳아 준 이기적 유전자에 반항하거나, 더 필요하다면 우리를 교화시킨 이기적 밈에게도 반항할 힘이 있다. 순수하고 사욕이 없는 이타주의라는 것은 자연계에는 안주할 여지도 없고 세계의 전 역사를 통틀어 존재한 예도 없다. 그러나 우리는 그것을 의식적으로 육성하고 가르칠 방법도 논할 수 있다. 우리는 유전자의 기계로 만들어졌고 밈의 기계로서 자라났다. 그러나 우리에게는 우리의 창조자에게 대항할 힘이 있다. 이 지구에서는 우리 인간만이 유일하게 이기적인 자기 복제자의 폭정에 반역할 수 있다.

— 홍영남·이상임 옮김, 을유문화사, 2018년, 378쪽

17

공책은 잡초와 그늘이 어우러져 노는 뒷마당

오래된 노트에는 생명이 깃들어 있는 것만 같다. 책상 한편에서 숨죽이며 나의 시간을 구석구석 지켜보고 있는 게 아닐까.

내가 필사한 구절을 나보다 더 오랜 시간 품고 있었으니 어쩌면, 정말로 실낱같은 생명을 지니고 있을지도.

『쓰는 기분』, 박연준

　반면 공책은 잡초와 그늘이 어우러져 노는 뒷마당 같다. 엄마에게 꾸중을 들은 아이가 터벅터벅 걸어와 숨는 곳, 몰래 울거나 웃는 곳, 작은 보물들을 숨겨두기에 좋은 곳. 발끝으로 떠오르는 단어를 써보며 사색에 잠기기 좋은 곳이 뒷마당이다. 연필은 무얼 쓸어 담기보단 그냥 마당을 만져보려고 움직이는 느린 빗자루처럼 써 내려간다. 무엇이고 아무렇게나 쓱쓱. 열쇠는 여기에 있다. 무엇이고 아무렇게나! '대단한 것, 훌륭한 것을 써보자'고 마음먹으면 늘 실패한다. 대단하고 훌륭한 것은 작정을 하고 다가가는 자로부터 도망치기 때문일까? 동기나 목적 없이 자유롭게 끼적일 때 쓸 만한 게 나온다.

— 현암사, 2021년, 109쪽

18

사실 이 세상엔
아무 일이 없습니다

누군가와 차를 마시다, 위로받을 마음이라는 게 애초에 없다는 걸 깨달았다. 위로받고 싶은 마음이 사라지자 역설적으로 만물이 위로가 되었다. 위로가 필요하지 않은 마음을 연습하는 것만큼 든든한 노후 대비가 없었다. 늙고 해진 마음의 스크린에 비극의 장면이 띄워질지라도 영화로만 볼 것이다. 영화가 마음에 들지 않는다면 서둘러 극장을 빠져나오면 될 일이다. 애초에 별일 없던 백지의 세계로 돌아와 여읜 두 다리로도 명랑히 걸어볼 것이다.

『법상의 슬기로운 생활수행』, 법상 스님

　영화의 스크린은 울고 웃는 전쟁 영화, 피 흘리는 영화, 불타는 영화, 지옥의 영화, 모든 영화가 다 나타나도 변화가 없어요. 스크린은 그냥 투명하게 언제나 그렇게 늘 비추고만 있어요. 텅 빈 배경이고 어디에도 물들지 않죠. 선한 주인공이 나왔다고 선하게 물들지 않죠, 나쁜 주인공이 나왔다고 해서 스크린이 찡그리지 않습니다. 세상이 불에 탔다고 해서 스크린이 타는 것도 아니고요.
　이 스크린은 늘 텅 비어서 아무 일이 없습니다. 이 세상도 그래요. 본바탕에는 아무것도 없습니다. 그야말로 인연 따라 생하고 멸합니다. 그렇게 생하고 멸하면 그냥 끝나는 것이에요.
　쉽게 말해서 해탈, 열반, 자성, 불성이 따로 있는 게 아니고, 괴로움이 사라지면 아무 일이 없어요. 우리는 분별심을 가지고 무수히 많은 일을 만들어내잖아요. 사실 이 세상엔 아무 일이 없습니다.

　　　　　　　　　　　　　　　　　＿ 열림원, 2024년, 129-130쪽

19

때때로 벽에다
손을 대어보곤 했다

앞쪽 페이지에 머무른 채 더 나아가지 못하는 책이 있다. 에펠탑과 몽마르트르 언덕이 있는 파리의 낭만 대신 병원과 거리 곳곳에 도처한 죽음의 얼굴을 묘사한 『말테의 수기』라는 책이 그런 책이다.

살고자 몰려드는 도시에, 자신은 죽으러 온 것 같다는 말이 나의 옛 서울 생활을 떠올리게 한다. 퇴근 후 왕십리역에서 마지막 열차를 기다리던 내 모습이 말테의 얼굴과 겹쳐 보인다. 열차와 승강장 사이의 틈을 바라보며 이렇게 사는 것이 맞는가, 다르게 존재하는 삶도 있지 않을까, 하는 생각을 짐처럼 이고 다니던 시절.

불현듯 떠오른 과거의 나에게 '너는 좋은 곳에 당도할 거야'라고 다정히 말을 건네본다. 어쩌면 올해는 이 책을 완독할 수 있을지도 모르겠다.

『말테의 수기』, 라이너 마리아 릴케

　사람들은 살기 위해서 여기로 몰려드는데, 나는 오히려 사람들이 여기서 죽을 것 같다는 생각이 든다. 외출을 했다가 자선병원 몇 군데를 보았다. 한 남자가 비틀거리다가 쓰러지는 것을 보았다. 그 남자 주위로 사람들이 모여들었기 때문에 그 후의 일이 어떻게 되었는지는 모르겠다. 임신한 여자도 한 명 보게 되었다. 그 여자는 햇볕으로 따뜻해진 높다란 담벼락을 따라 힘들게 걸음을 옮기면서 벽이 아직도 거기에 있는지 확인하는 듯이 때때로 벽에다 손을 대어 보곤 했다. 그래, 벽은 아직도 거기에 있었다. 그런데 담벼락 뒤편에는? 지도를 펼쳐 보았더니 산부인과 병원이었다. 그래, 그녀는 그곳에서 해산을 하겠지. 그렇게 할 수 있을 거야.

　　　　　　　　　　　　　　　＿ 문현미 옮김, 민음사, 2005년, 9쪽

20

고통이 아닌 의미를,
게으름이 아닌 충실함을

쇼츠와 릴스를 보며 무의미한 엄지손가락 운동을 하지 말아야 겠다고 다짐해도, 어느새 거센 물살에 떠밀리듯 디지털 세계에 휩쓸려 허우적거리고 만다. 분노와 혐오를 부추기는 편 가르기 싸움에 무심코 동참하고, 과장된 클릭 베이트에 소중한 시간과 에너지를 기꺼이 내어준다. 도파민 중독은 만족과 기쁨으로 둔갑해, 자유를 잃었다는 사실조차 깨닫지 못하게 한다.

　이 시대의 책은 오래 힘들이지 않고 술술 읽히는 '쇼츠'의 형태를 취해야 널리 읽혔다. 책을 그토록 좋아하던 나조차도 책보다는 소셜미디어에 접속하는 시간이 더 많아졌다. 일종의 위기감 속에서 '미료의 북클럽'을 시작했다. 매일 리딩 스케줄표에 맞춰 같은 분량의 책을 읽고, 독서 노트를 쓴 뒤 채팅방에서 서로의 생각과 감상을 나누는 방식이었다. 하루에 10페이지, 많으면 40페이지까지 함께 읽었다. 내게 이 독서 모임은 우리의 마음 데이터를 약탈해 가는 AI 시대에 대항하는 소심한 저항이자, 은밀한 반란이다.

『내가 커지면 문제는 작아진다』, 문요한

그러므로 무언가에서 제대로 벗어나고 싶거나 원하는 삶을 살고 싶다면 '벗어나는 자유'가 아니라 '지향하는 자유'를 꿈꾸어야 합니다. 고통이 아닌 의미를, 게으름이 아닌 충실함을, 중독이 아닌 몰입을, 비만이 아닌 건강을 꿈꾸어야 합니다.

즉, 원하지 않는 마음을 밖으로 밀어내려고 힘쓰지 말고 원하는 것을 지속적으로 마음의 중심에 흐르게 해서, 원하지 않는 마음이 자연스럽게 밀려나게 해야 합니다. 당신은 어떤 자유를 추구합니까?

― 해냄출판사, 2025년, 208쪽

21

그건 일종의 자유다
연습할 수 없는 것이다

비백(飛白)이란 서예에서 쓰는 전문 용어로 한자를 직역하면 '하얗게 날다'라는 뜻이다. 붓을 빠르게 움직이거나 먹을 일부러 적게 묻혀, 획을 완전히 채우지 않고 중간중간 흰 부분을 드러내는 기법이다. 이 의도적인 불완전함은 여백뿐 아니라 글씨에 생동감과 운율을 부여한다.

  이런 비백의 미는 이제 막 글자를 배운 아이의 서툴러 보이는 글씨에서도 발견된다. 아이들의 글씨는 천사의 날개처럼 보드랍게 비상하고 작은 강아지처럼 경쾌하게 뜀박질한다.

  어른도 글씨를 쓸 때 이 비백의 미를 염두에 두면 예쁜 글씨를 써야 한다는 강박에서 한걸음 물러설 수 있다. 손목의 떨림과 흔들림이 그대로 담긴 획 하나하나에는 자신만의 리듬과 호흡이 담겨 있다. 어떤 사람의 글씨는 작은 꽃씨 같고, 어떤 사람의 글씨는 새알 같다. 세상에 무수한 꽃씨와 새알 중에 서로 똑같은 것이 단 하나도 없듯, 글씨체도 그렇다. 위대한 창조의 세계에서는 '악필'도 소중한 개성이 된다.

『개구리 수프』, 아잔 브라흐마·궈쥔 선사

비백은 우리의 한계와 포부를 동시에 보여주고 있다. 말로 표현할 수 없는, 초월적인 뭔가를 보여준다. 뭔가 빠져 있는 것을 나타낸다. 해석의 여지와 상호 작용, 그리고 예술가와 그 예술을 음미하는 사람들의 연결을 허용한다. 그건 뭔가 예측이 불가능한 부분이다. 그냥 벌어지는 일이다. 그건 일종의 자유다. 연습할 수 없는 것이다. 마치 호랑이 꼬리의 줄무늬와도 같다. 호랑이의 꼬리 줄무늬는 일정한 것도 없고 똑같은 무늬도 절대 존재하지 않는다. 창조를 통해 새겨졌으며 뭔가 독특하고 반복될 수 없는 다양한 모습으로 스스로를 표현하고 있다. 꼬리 줄무늬는 휘황찬란한 동시에 이해할 수 없다. 나는 사람들과의 관계, 그리고 우리 삶 속에 수많은 비백이 존재한다는 것을 배웠다.

— 남명성 옮김, 해냄출판사, 2020년, 130-132쪽

Part 02

호흡, 잊었던 리듬을 찾는 방법

22

실패할 수밖에
없는 노력

오늘의 독서 메모
: 더 나은 인간이 되기 위한 독서는 위험하다.
  그러나 더 별로인 인간으로 치닫는 건 막아준다.

『삶으로 다시 떠오르기』, 에크하르트 톨레

　더 좋은 인간, 더 나은 인간이 되려고 노력하는 것은 칭찬받을 만하고 고상한 일처럼 들리지만, 의식의 전환이 일어나지 않는 한 결국은 실패할 수밖에 없는 노력이다. 왜냐하면 좋은 사람이 되려는 것 역시 똑같은 기능장애의 일부이기 때문이다. 더 미묘하고 순화되긴 했지만 여전히 자기를 강화하는 형태이다. 그런 노력 역시도 자신이 관념 속에서 '나'라고 여기는 이미지를 더 크게, 그리고 더 강하게 만들려는 욕망과 아무 차이가 없다. 좋은 사람이 되려고 노력한다고 해서 좋은 사람이 되는 것이 아니다. 이미 자신 안에 있는 좋은 것을 발견하고, 그 좋은 것이 밖으로 나오게 함으로써만 좋은 인간이 될 수 있다.

_ 류시화 옮김, 연금술사, 2013년, 38-39쪽

23

감사의 속뜻은 겸손이다

편의점의 한 점원 분이 "더 필요한 것 없으세요? 좋은 하루 보내세요. 감사합니다" 할 때 안에서 뭔가 울컥 차오르는 게 있었다는 글을 인터넷에서 우연히 읽었다. 어떤 '감사합니다'는 '존재해 주셔서 감사합니다'처럼 들리기도 했다.

상대방의 진의를 의심하느라, 무례를 미리 방어하느라 감사할 겨를이 점점 없어지고 있는 것만 같다. "감사합니다" 하고 말하는 것은 상대가 아닌 나를 위한 것임을 기억하고 싶다. 누군가의 "How are you?" 인사에 "I'am very good"이라고 웃으면서 답할 때 내가 기분 좋아지는 것처럼, 감사는 누구보다 내가 신나게 표현해야 한다는 것을.

『감사의 재발견』, 제러미 애덤 스미스 외 3인

　감사하는 사람은 자신의 행동과 무관하게, 때로는 자신의 모자람에도 불구하고 삶 가운데 좋은 일이 일어남을 안다. 감사의 속뜻은 겸손이다. 타인의 기여 없이는 오늘의 성취도, 나도 없다. 가족과 친구, 일면식도 없는 타인, 선조들의 수고로 우리 삶은 얼마나 더 수월해졌는가? 더 자유로워지고 편해졌는가? 일일이 꼽기 어려울 정도다.
　얼핏 보면 감사는 흥미진진한 면이 없는 단순하고 뻔한 정서로 보인다. 그래서 우리는 수십 년간 감사를 외면했고, 그 결과 오히려 감사가 건강, 행복, 사회적 관계에 얼마나 강력하게 기여하는지를 뼈저리게 실감하고 있다.

_ 손현선 옮김, 현대지성, 2022년, 15쪽

24

내가 보는 '나'와
남이 보는 '나'가 다른 것은
물론이고

세상에는 자신을 비춰볼 여러 거울이 있다. 그중 가장 좋은 거울은 아마도 '타인'일 것이다. 안정적인 관계보다는 불편한 관계가 오히려 더 정확한 거울이 되어준다. 칼 융은 '타인의 그림자에서 나는 나의 그림자를 본다'라고 말했고 프리드리히 니체는 '누군가를 깊이 미워한다면 그 사람과 닮아 있을 가능성이 크다'라고 이야기했다. 누군가의 얼굴을 보고 늙었다, 살쪘다, 못났다 코멘트를 다는 사람은 자신에게도 비슷한 잣대를 들이대는 이다. 반대로 어떤 얼굴을 보고도 예쁘다 여기는 사람은 자신의 얼굴도 그렇게 바라볼 것 같다. 내면의 얼굴에도 똑같이 적용되는 이치다.
 그다음으로 좋은 거울은 책이다. 책을 읽는 동안 우리는 등장인물이나 사건, 문장에 감응하며 마치 거울 앞에 선 듯 자신을 대면한다. 그동안 미처 발견하지 못했던 나의 감정, 생각을 마주하게 된다. 못난 모습이 더 선명하게 비칠수록, 불편한 마음이 들수록 더 오래, 더 깊이 들여다보려 한다. 용기가 필요한 일이다.

『홀가분』, 정혜신·이명수

　내가 보는 '나'와 남이 보는 '나'가 다른 것은 물론이고 그걸 알아차리기가 생각보다 쉽지 않습니다.
　'나는 상관 안 해' 같은 무신경이나 뻔뻔함을 전면에 내세우지 않는 한 자기 인식은, 투명 화장실에 앉아서 안을 들여다보고 있는 행인을 바라볼 때처럼 당혹감과 괴리감을 동반합니다.
　그걸 견딜 수 있어야 비로소 제대로 자기대면이 가능합니다.

＿ 해냄출판사, 2022년, 248-249쪽

25

어느 날 우리는
사람이었는데

거실에서 하루 종일 『사랑의 역사』를 완독했다. 세 번째였다. 앉은 자리에서 책 한 권 완독한 게 얼마 만이었는지. 반복해서 읽은 손때 묻은 책이 나의 한때를 증명한다.

새로운 것을 찾기보다 이미 갖고 있는 것을 유일무이하게 만드는 법. 사랑해 마지않았던 책을 중고 시장에 내놓는 것은 내게 가슴 아픈 일이다. 결코 버리지 않을 책들만 신중히 고른다. 그렇게 모인 책들은 내 사랑의 역사다.

『사랑의 역사』, 니콜 크라우스

그렇다고 내 삶이 거의 끝났다는 것은 아니다. 인생에 관해 가장 인상 깊은 점은 그 변화 능력이다. 어느 날 우리는 사람이었는데 다음날 그들은 우리가 개라고 한다. 처음에는 견디기 힘들지만, 한참 지나면 그것을 상실로 여기지 않는 법을 터득한다. 심지어 짜릿한 흥분을 느끼며 깨닫는 때도 있다. 변함없이 유지되는 것들이 아무리 적어도 우리는, 달리 적당한 표현이 없어서 '인간으로 살기'라고 칭하는 노력을 여간해서는 멈추지 않는다는 사실을.

_ 민은영 옮김, 문학동네, 2020년, 354쪽

26

메밀가루포대가 그득하니
쌓인 웃간은

연필로 필사해야 그 분위기가 살 것만 같은 글이 있다. 백석 시인의 시가 그렇다. 흑연의 은은한 광택 같은 이야기를 받아 적고 나니 오늘치 노동을 감내할 힘이 생겼다. '들믄들믄' '그즈런히' 같은 단어도 고이고이 수집해 놓았다.

「산숙(山宿) ― 산중음(山中吟) 1」, 백석

여인숙이라도 국숫집이다
메밀가루포대가 그득하니 쌓인 웃간은 들믄들믄 더웁기도 하다
나는 낡은 국수분틀과 그즈런히 나가 누워서
구석에 데굴데굴하는 목침들을 베여보며
이 산골에 들어와서 이 목침들에 새까마니 때를 올리고 간 사람들을 생각한다
그 사람들의 얼굴과 생업(生業)과 마음들을 생각해 본다

― 『사슴』 더스토리, 2025년, 91쪽

27

숲의 짐승보다
조심스런 움직임으로

한 제자가 스승에게 물었다. "선 수행이 어렵습니다. 어떻게 해야 합니까?" 스승이 답했다. "밥 먹을 때 밥 먹고 잠잘 때 잠자라." 정신이 번쩍 드는 선문답이다. 『성경』의 「데살로니가전서」에서도 "밥을 먹을때 주께 감사하고 잠들 때 주의 평안 속에 맡기니 일상의 모든 순간이 경건의 길이 된다"라는 비슷한 구절이 있다.

『부처님의 생애』라는 책에서 유독 내가 좋아하는 페이지는 단정한 차림으로 감사히 밥을 먹고 그릇을 씻고 난 후, 다음 사람을 위해 자리를 정리하는 스님들의 모습이다. 일상의 사소한 순간들이 우리를 진리로 이끈다는 생각이 든다. 오늘만큼은 필사하고 난 자리를 깨끗이 정리해 봐야겠다.

『부처님의 생애』, 대한불교조계종 교육원 부처님의 생애 편찬위원회

    이른 아침 가사를 단정히 입고 걸식을 나가고, 걸식에서 먼저 돌아온 사람이 공양할 방을 쓸고, 자리를 펴고, 발 씻을 물과 앉을 자리를 준비하였다. 공양이 많으면 깨끗한 그릇에 여분의 밥을 덜어 놓고, 마실 물과 그릇 씻을 물을 준비한 다음 혼자서 조용히 공양하고 방을 나갔다. 다음에 돌아온 비구는 자기 발우의 밥이 적으면 앞 비구가 담아놓은 밥을 덜어먹고, 앉은 자리와 발 씻는 자리를 거두고, 빗자루로 깨끗이 쓸고, 마실 물과 씻을 물과 화장실 물을 채워놓았다. 혼자서 하지 못할 일이 있을 때는 소리 내지 않고 손짓으로 도움을 청하였다. 그들은 숲의 짐승보다 조심스런 움직임으로 선정 속에서 나날을 보내고 있었다.

_ 조계종출판사, 2023년, 284쪽

28

남이 가진 것을 빼앗지 않아도
당신은 그것을 가질 수 있다

또 한 계절이 갔다. 아이는 부쩍 자랐고 내 몸은 본격 노화가 시작되었다. 다음해에 맞을 봄은 올해의 봄과 같지 않을 것이다. 시큰거리고 삐걱거리며 울부짖는 뼈와 근육들.

이번주는 날이 맑다고 한다. 앉아서 책만 읽을 게 아니라 나가서 운동을 해야지 다짐만 한다. 생각과 믿음이 현실을 창조하는 거라면, 운동했다는 생각만으로도 건강해지면 좋겠다.

『부는 어디서 오는가』, 월리스 와틀스

생각하는 물질은 당신을 위한 자원을 만들 것이다. 그렇다고 다른 사람이 가진 것을 빼앗아서 당신에게 주는 것이 아니니 경쟁하려는 생각은 버려라. 이미 만들어진 것을 두고 경쟁하는 것이 아니라 새롭게 창조해야 한다.

당신은 누군가로부터 아무것도 빼앗을 필요가 없다.

지나치게 흥정할 필요도 없다.

남을 속이거나 이용하려 할 필요도 없다.

당신을 위해 일하는 사람에게 원래 받아야 할 몫보다 적게 줘서도 안 된다. 다른 사람의 재산을 탐내거나 눈독 들일 필요도 없다. 남이 가진 것을 빼앗지 않아도 당신은 그것을 가질 수 있다. 경쟁자가 아닌 창조자가 돼라. 당신이 원하는 것을 얻으면 다른 사람들도 지금보다 더 많이 가지게 될 것이다.

_ 이상미 옮김, 포레스트북스, 2022년, 57-58쪽

29

그림과 글자는
한 몸에서 분화했다

재질과 펜에 따라서도 글씨 모양이 미묘하게 달라진다. 재료에 따라 바뀌는 결과물.
　인간은 재료일까, 결과일까. 삶의 궤도가 바뀌면서 필체도 변했다. 성격도 조금 달라진 것 같다. 필체도 음악이나 춤처럼 다같이 향유할 수 있는 분야라는 것도 처음 알게 되었다.
　어제는 당신의 필체를 보면 마음이 편안해진다는 칭찬을 받았다. 단정한 마음으로 글씨 몇 줄 쓰는 것만으로도 내 몫을 다 할 수 있다는 데에 기뻤다. 내가 본 아름다운 풍경을 그리듯, 오늘도 몇 자 적어본다.

『글자 풍경』, 유지원

　월인천강, 이 네 글자는 내게 인쇄술과 타이포그래피에 대한 아름다운 은유로 읽힌다. 달은 누군가에게 전하고 싶은 생각이다. 그 생각을 강물이라는 종이에 찍고 스크린에 실어 여러 사람에게 전한다. 이것이 우리가 글을 쓰는 이유이고, 글을 더 정련해서 전하고자 문학이 존재하는 이유이고, 또 타이포그래피가 존재하는 이유이며, 사람들이 책과 신문과 잡지를 만들고 인터넷을 하는 이유라고 생각한다.
　그림과 글자는 한 몸에서 분화했다. 한 폭의 그림 같고 한 수의 시 같은 글자들이 강물에 달 찍히듯 사람의 마음에 찍힌다. 자국으로 남겨지고, 그리움으로 그려지고, 기억으로 새겨지고, 여러 사람의 마음속에 각인되어 살아남아 생명처럼 생생한 심상과 이야기를 이어 간다.

_ 을유문화사, 2019년, 295쪽

30

우리가 현재의
모습이 된 것은

내가 읽고 쓴 문장은 곧 내가 된다. 음식이 몸에 저장되듯이 문장도 그렇다. 마음이 부정적일 때는 책도, 필사할 문장도 신중히 고른다. 어떤 책은 알지 못하는 사이 불안과 우울을 증폭시키기도 한다.

긍정에 관한 직관적인 언어가 필요할 때 자기계발서 오디오북을 반복해서 듣는다. 읽을 때보다 들을 때 정신의 태세를 전환하기 쉽다. 걱정하지 마라, 포기하지 마라, 사랑하라, 감사하라 같은 뻔한 말도 전문 성우의 음성으로 들으면 마음을 다잡는 데 좋다.

우리에게 바른 말과 바른 생각을 심어주는 존재는 드물다. 모두가 자기 하고 싶은 말 하기 바쁘기 때문이다.

『생각하라 그리고 부자가 되어라』, 나폴레온 힐

인간의 정신은 대기라는 거대한 저장고로부터 자신을 지배하고 있는 것과 부합하는 진동을 끊임없이 끌어당긴다. 마음속에 품은 생각이나 아이디어, 계획, 목적은 비슷한 성향의 것들을 대기의 진동으로부터 끌어당겨, 이들을 자신의 힘에 더한다. 이렇게 점점 힘을 키워서, 마침내 마음을 지배하는 주된 원동력이 되는 것이다.

자, 그럼 이 논의의 출발점으로 돌아가서, 아이디어와 계획, 목적이라는 원래의 씨앗을 어떻게 마음에 심을 것인지에 대해 이야기해보도록 하자. 설명은 간단하다. 아이디어와 계획, 목적은 생각의 반복을 통해서 마음에 심어질 수 있다. 이런 이유로, 주된 목적을 선언문 형식으로 작성해서, 기억하고, 매일 반복해서 소리 내 읽어서, 이 소리의 진동이 잠재의식에 닿도록 하라고 말했다.

우리가 현재의 모습이 된 것은, 일상의 환경에서 오는 자극을 통해 생각의 진동을 선택하고 받아들인 결과이다.

― 박지경 옮김, 넥스웍, 2025년, 78-79쪽

31

역시 저녁은
애수 어린 휴식의 시간 같았지

삶을 향한 뫼르소의 사랑에 과장은 없지만 광기는 가득했다. 죽음도 삶이라며 죽음까지 사랑했다. 그러나 스스로 죽음을 택해서는 안 됐다.

뫼르소에게 죽음은 환호와 함성이 가득한 카니발이어야 했다. 매일 새벽, 감옥에서 사형 집행관을 기다리면서도 오늘은 오지 않았다는 사실에 안도한다. 오늘 살아남아 내일을 확보받은 날에는 먼 데서 들려오는 종소리와 밤하늘의 별, 흙과 바다 내음이 유독 선명했다.

그의 마지막을 기도해 주러 온 신부는 뫼르소에게 멱살 잡혀 쫓겨난다. 뫼르소에게 생은 기도로 '낭비'하고 싶지 않을 만큼 소중한 체험이었다. 동터오는 하늘의 감미로운 색채와 어두운 독방으로 새어드는 찬란한 빛을 한 번이라도 더 봐야 했다. 그런 뫼르소를 보며 나도 오늘 스물네 시간의 삶을 유예받았다는 걸 알게 되었다.

『이방인』, 알베르 카뮈

다시 눈을 떠보니 얼굴 위로 별들이 보였다. 들판에서 나는 소리들이 나 있는 데까지 들려왔다. 밤 냄새, 땅과 소금의 냄새가 내 관자놀이를 식혀 주었다. 이 잠든 여름의 경이로운 평화가 마음속에 조수처럼 밀려들었다. 그 순간, 밤의 경계선을 타고 사이렌 소리가 요란하게 울려 퍼졌다. 그 소리는 이제 나와는 영원히 무관한 세상을 향해 출발을 고하고 있었다. 나는 아주 오랜만에 처음으로 엄마 생각을 했다. 엄마가 어째서 인생의 끝에 다다라 〈약혼자〉를 갖게 되었는지, 그리하여 어째서 다시 모든 걸 시작하는 듯한 장난을 받아들였는지 알 것 같은 느낌이었다. 거기서도, 그러니까 이제 차츰차츰 생들이 꺼져 가는 그 양로원 주변에서마저도 역시 저녁은 애수 어린 휴식의 시간 같았지. 그처럼 죽음에 가까이 이르러서 엄마는 자신이 자유롭게 해방되어 있으며, 따라서 다시 모든 것을 살 준비가 되어 있다고 느꼈음이 틀림없다. 그렇다면 아무에게도, 진정 아무에게도 엄마에 관해 울 권리가 없다. 그리고 나는, 나 또한 엄마와 마찬가지로 모든 것을 다시 살 준비가 되어 있음을 느꼈다.

― 김예령 옮김, 열린책들, 2011년, 170-171쪽

32

처음부터 우리가
책을 읽는 건 아니다

베트남 여행을 왔다. 유명 관광지와 맛집 검색에 열중인 나와 달리 아이는 평범함 속에서 아름답고 귀한 걸 발견한다. 금붕어들이 유영하는 작은 연못가에 쪼그리고 앉아 나직이 말을 건다. 이슬 맺힌 처마 밑의 거미줄을 향해 별빛 같은 시선 보내며 폴짝 뛰어본다. 발길에 흔하게 채이는 은빛 조약돌을 주워다가 손바닥 안에 데굴데굴 굴려도 본다. 예고 없이 쏟아진 소나기에 당황하고 두려워하는 건 남편과 나다. 아이에겐 폭우와 찐득한 더위마저 장난감이다.

그런 아이를 보고 있자니 책 속에 정말 길이 있는지 의문스럽다. 책 읽느라 진짜 길을 걸어야 한다는 걸 잊지 않기로 한다. 아이들이 나를 훌쩍 떠나는 그날까지, 길 위에서 함께 세상을 읽고 싶다고 생각했던 여행.

『작은 파티 드레스』, 크리스티앙 보뱅

처음부터 우리가 책을 읽는 건 아니다. 삶이 깨어나는 시기, 두 눈이 처음 사물을 보기 시작하는 시기엔 책을 읽지 않는다. 입으로, 양손으로 삶을 집어삼키지만 아직 잉크로 눈을 더럽히지는 않는다. 삶의 시원, 첫 수원(水源), 유년의 개울에서는 책을 읽지 않는다. 책을 읽겠다는 생각도, 어느 페이지나 어느 문장의 문을 뒤로하고 쾅 닫겠다는 생각도 하지 않는다. 아니, 처음엔 더 단순하다. 어쩌면 더 실성한 건지도 모른다. 우리는 그 무엇과도, 그 무엇에 의해서도 분리되지 않은 상태이다. 우리는 진정한 제약이라고는 없는 첫 대륙에 속해 있다. 이 대륙은 바로 당신, 당신 자신이다. 처음엔 광막한 유희의 땅들이 있다. 발명의 광막한 초원, 첫걸음의 강들이 있다. 어머니라는 대양이, 어머니의 목소리라는 철썩이는 파도가 사방을 에워싼다. 이 모두가 당신이다. 끊김도 찢김도 없는 온전한 당신이다. 쉽사리 헤아려지는 무한한 공간, 그 안에 책은 없다. 책이 들어설 자리, 독서라는 경이로운 애도가 들어설 자리는 없다.

실제로 아이들은 어머니가 책을 읽는 모습을 견디지 못한다. 어머니의 손에서 책을 낚아채면서 어머니의 온전한 현전을 요구한다. 몽상으로 인해 변질된 불완전한 현전은 원치 않는다.

_ 이창실 옮김, 1984books, 2024년, 9-10쪽

33
그 순간 전 모든 이야기로부터
자유로워진 거예요

누군가를 이해해 보려는 노력이 의도치 않은 폭력이 될 때가 많다. 상대가 겪고 있는 문제를 내 방식대로 해석해서 성급하게 해결하려고 들 때 그렇다. 도움과 오지랖은 한 끗 차이다.
 사랑하는 사람이 괴로움에 빠져 있을 때, 우리는 그 고통에 깊은 연민을 느끼기보다 상대의 고통을 바라보는 나의 고통을 우선시하는 우를 범한다. 타인이 처한 상황과 고통을 완전히 이해할 수 없다는 사실을 전제하지 않으면 헛말이 나간다.
 고통을 알 필요 없는 자신의 처지에서 우월감을 느끼기도 한다. 관찰 예능 프로그램에 등장하는 부부 갈등과 부모 자식 간의 갈등을 나도 모르게 진단하고 분석하는 순간이 있다. 근거 없는 추측성, 허위성 기사는 뉴스에서만 보도되는 게 아니라 나의 내면에서도 끊임없이 생산된다. 그걸 좀 덜 해보려고 책을 읽는지도 모르겠다.

「진주의 결말」, 김연수

"(……) 우리가 달까지 갈 수는 없지만 갈 수 있다는 듯이 걸어갈 수는 있다고, 마찬가지로 그렇게 살아갈 수 있다고 하셨잖아요. 달을 향해 걷는 것처럼 희망의 방향만 찾을 수 있다면, 이라고. 그래서 저는 치매에 걸려 우연히 떠오른 생각을 의심조차 하지 않고 그대로 믿는 아빠의 마음을, 마치 치매에 걸린 것처럼 사전 경고도 없이 사람들의 운명을 바꾸는 신의 마음을 이해한 사람처럼 살아보기로 한 거예요. 그래서 불을 질렀습니다. 거기에는 아무런 이유도 없었어요. 이해만 있었죠. 소방관들이 우리집의 유리창을 깨는 걸 보고 제 속이 얼마나 시원했게요. 가슴이 얼마나 벅차올랐게요. 저는 비로소 자유를 얻었거든요. 그 순간 전 모든 이야기로부터 자유로워진 거예요."

_『이토록 평범한 미래』 문학동네, 2022년, 97쪽

34

이렇게 하지 않는 것을
무소유라고 합니다

당신과 내가 나란히 앉아 함께 보는 하늘의 색은 같을까. 본다는 것이 우리의 의식작용이라면 같은 색이라도 조금 다르게 보이지 않을까.

당신과 나의 망막에 도달하는 대상이 하늘이 아닌 진실이나 정의라면 어떨까. 같은 걸 보고도 다르게 받아들인다면 세상에 확신할 만한 진실과 정의란 게 과연 존재할까.

서로의 몸을 바꿔 입고 세상을 볼 수 있다면 덜 다툴 수 있을지 모른다. 너의 눈을 가져보니 정말로 그렇게 보여, 너의 입을 가져보니 다른 말은 할 수가 없겠어.

우리는 서로 다른 책을 읽고 독후감을 썼을 뿐이다.

『건너가는 자』, 최진석

   전도몽상에 빠지면, 이미 굳을 대로 굳은 이론과 이데올로기가 세계보다 우위에 있다고 생각하고, 굳은 이론과 이데올로기를 가지고 변화무쌍한 세계를 통제하려 합니다. 이렇게 되고 나면 세계를 봐야 하는 대로 볼 뿐, 보여주는 대로 볼 수는 없습니다. 그러면, 효율적이기 어렵습니다.

   지혜가 높아진 이들은 특정한 의미로 정해진 관념을 세계에 억지로 부가하려 하지 않습니다. 그것이 효율적이지도 않고 생산적이지도 않다는 것을 알기 때문입니다. 문제를 해결하려고 발버둥 치면서, 정해진 기존 관념으로부터는 그저 힌트를 얻을 뿐입니다. 지혜롭지 않은 사람은 정해진 관념을 그대로 세계에 구현하려고 합니다. 이것을 소유적 태도라고 했지요. 이것도 전도몽상의 일종입니다. 이렇게 하지 않는 것을 무소유라고 합니다.

_ 쌤앤파커스, 2024년, 282-283쪽

35

한 종이 희귀해지는 것에는
전혀 놀라지 않으면서도

갑자기 존재하는 생명은 없었다. 모두가 마침내 존재하게 되었다. 왕사슴벌레와 여우원숭이와 나 자신이 동등한 방식으로 살아남게 되었다. 억겁의 세월과 고난을 딛고 지금 이 순간에 당도해 버렸다. 모두가 기특한 존재였다.
　치열한 경쟁과 적응 끝에 살아남았다고도 할 수 있지만 다른 종이 생명을 양도해 주었다고 상상해 보아도 좋을까. 병풍의 역할만 하고 유유히 퇴장하는 배우처럼 사라짐을 아쉬워하지는 않고 다만 연극이 계속되기만을 바라면서.
　이웃집 고양이가 담장을 넘어 우리집 창문을 기웃거린다. 너희 인간을 위해 우리가 무엇을 양보했는지 알고는 있는지, 어찌되었든 좋다, 제대로 살아보아라. 우리 기원을 일깨우는 고양이의 눈빛과 아침잠을 떨쳐내는 박새 울음 소리가 새로운 종의 출현처럼 느껴지는 아침.

『종의 기원』, 찰스 다윈

한 종이 희귀해지는 것에는 전혀 놀라지 않으면서도 그것이 더 이상 존재하지 않게 될 때는 무척이나 경이로워하는 것은, 마치 죽음 전에 병이 온다는 것은 인정하면서도 사망의 경우에만 무척 놀라며 그 사람이 어떤 알 수 없는 상해를 입고 죽은 것이 아닌지 의심하는 것과 마찬가지다.

— 장대익 옮김, 사이언스북스, 2019년, 440쪽

36

아름다움에 대한
최초의 알아봄은

나는 광활한 우주 어디쯤에서 암석이나 기체가 될 수도 있었다. 불지옥처럼 뜨거운 행성이나 얼음 행성에서 물질 또는 비물질로 존재할 수도 있었다.
　지구가 아닌 다른 행성의 외계 생명체로 태어날 가능성도 있었을까. 일단 현생은 지구에서 보내게 되었다. 엄청나게 희귀한 확률로 그렇게 되었다. 적당한 빛과 어둠이 있고, 견딜 만한 추위와 더위가 있는 곳, 들숨 날숨 어렵지 않아 서로를 끌어안고 키스하기에 알맞은 곳.
　지구를 위해 인간은 다 없어져라 기도하는 사람도 있다지만 인간 없는 지구는 황량한 사막, 적막한 동굴일 뿐이다. 지구를 못살게 구는 것도 인간이지만 살게 하는 것도 인간이다. 그래서 이 행성과 우주는 얼마간 우리를 봐주고 있다.

『삶으로 다시 떠오르기』, 에크하르트 톨레

  그것이 아무리 짧은 순간일지라도 꽃에서 아름다움을 발견함으로써 인류는 자신의 진정한 본질에, 자신의 내밀한 존재의 핵심인 아름다움에 눈을 떴다. 아름다움에 대한 최초의 알아봄은 인간 의식의 진화에서 가장 중요한 사건 중 하나였다. 그 알아봄과 연결된 느낌이 기쁨과 사랑이다.

— 류시화 옮김, 연금술사, 2013년, 27쪽

37

가뿐한 거주는
방랑이 됩니다

어쩌다 태어났고 그 상황이 썩 마음에 들진 않지만 우리는 자기 인생의 감독이 되어서 뭔가를 해볼 수 있다. 이야기의 뼈대는 바꿀 수 없어도 내용은 바꿔볼 수 있다.

『선불교의 철학』, 한병철

무주(無住, Nirgend wohnen)[어디에도 거주하지 않음]는 거주와 대립하는 개념입니다. 거주지가 없는 사람은 방랑자입니다. 방랑길은 끊임없이 고통스럽게 이별하는 길입니다. 하지만 이별의 슬픔은 무겁지 않고, 명랑합니다. 모든 형태의 집착에서 벗어난 방랑자는 자유롭습니다. 만물의 변화에 자기를 맞추고, 오고 가는 모든 것에 친절합니다. 방랑은 세계에 등을 돌리지 않습니다. 무주는 거주를 긍정합니다. 방랑 후의 세계는 기존의 세계와 내용적으로 같습니다. 하지만 비어 있음만큼 더 가볍게 된 것처럼 느껴집니다. 가뿐한 거주는 방랑이 됩니다. 이제 거주지는 개방되고, 친절한 분위기를 풍깁니다. 누구나 무료로 묵을 수 있는 객정(客亭) 같은 집이 됩니다.

_ 한충수 옮김, 이학사, 2017년, 193쪽

38

꿈꾸는 모든 존재가
폭 잠들기를 바랍니다

진정한 자신을 발견해야 한다는 건 어떤 의미일까. 나 아닌 무언가를 하나씩 소거해 가는 과정이 아닐까. 숲길이나 해변을 걷다 보면 그 어려워 보이는 일이 자연스레 진행된다. 내 안에 그토록 끈질기게 매달려 있던 불안과 두려움들이 사라지는지도 모르게 자취를 감춘다. 악몽에서 갓 깨어나 보는 풍경의 아름다움은 분별없이 있는 그대로 마음에 아로새겨진다. 그 풍경이 어쩌면 새로 꾸는 또다른 꿈이라고 해도, 무섭기보다 달콤한 쪽이 낫지 않은가.

「작가노트: 펜, 깃털 그리고 환영 인사」, 김멜라

숲길을 걷습니다.

꽃이나 열매가 없는 시기엔 수피를 더 자세히 들여다보게 됩니다. 이마의 주름처럼 가로선이 층층이 팬 것도 있고, 코끼리나 거북이의 발처럼 코르크의 음각이 두터운 것도 있습니다. 어떤 나무는 갈라진 껍질의 골마다 흰 버섯이 돋아 있습니다. 잎이 무성했더라면 보이지 않았을 새들의 움직임이 보입니다. 어떻게 저렇게 날 수 있을까요. 날면서 울고 날면서 싸고 양쪽 덮깃을 날렵하게 오므렸다가 떼 지어 솟구칩니다. 추락과 급선회, 민첩한 공중회전이 눈부시게 자유롭습니다. 틀림없습니다. 우리에게 영혼이란 것이 있다면 새의 나는 모습과 비슷할 겁니다. 공기의 움직임은 물의 움직임과 같은 원리라고 하니 영혼의 모습은 물고기의 헤엄과도 닮았을 겁니다. 그런 생각을 할 때면 저는 꿈속에 있는 것 같습니다. 꿈의 몸이 되어 누군가를 찾아가 문을 두드리고 싶어집니다. 꿈꾸는 모든 존재가 폭 잠들기를 바랍니다.

—『2023 제14회 젊은작가상 수상작품집』, 문학동네, 2023년, 100쪽

39

그것은 누구에게나
빛나는 날들이었다

금성의 표면 온도는 약 섭씨 460도에 달한다. 금성의 하루가 지나가는 데, 즉 한 번 자전하는 데 드는 시간은 지구 시간으로 약 243일이고 대기압은 지구의 약 90배에 이른다고 한다. 수성 역시 낮에는 그만큼 뜨겁지만 밤에는 섭씨로 영하 약 180도까지 떨어지는 극심한 온도 차를 보인다. 목성은 하나의 거대한 기체 덩어리다. 그 대기 속으로 깊이 들어갈수록 압력과 온도가 엄청나게 높아진다.
　우리가 상상하는 지옥 같은 환경이 실제로 존재한다는 사실에 비추어 보면 지구는 그야말로 천국이라는 생각이 든다. 태양의 은혜와 계절의 순환 속에 놓인 우리는 어쩌면 우주로부터 선택받은 존재가 아닐까. 나의 처지가 어떠하든 발 딛고 서 있는 지금 이곳이 천국임을 알면서도 찰나에 잊는다. 이 세계와 당신이 얼마나 반질반질 윤기 나고 새하얗게 빛나는지를.

『수레바퀴 아래서』, 헤르만 헤세

   포근한 5월의 비, 쏴 하는 소리를 내며 쏟아지는 여름 비, 신선한 가을의 아침 이슬, 부드러운 봄날의 햇살, 따갑게 내리쬐는 여름의 뙤약볕, 하얗게 또는 새빨갛게 빛나는 꽃망울, 수확하기 전의 잘 익은 과일나무가 보여주는 적갈색의 윤기, 계절과 함께 찾아오는 모든 아름다운 것들과 즐거운 것들.

   그것은 누구에게나 빛나는 나날이었다. 부유하고 거만한 사람들도 체면치레를 하지 않고 손수 나와서 살진 사과를 손에 들고 무게를 가늠해 보기도 하고, 열 개가 넘는 사과 포대를 세어 보기도 하고, 은으로 만든 휴대용 잔으로 맛을 보기도 했다.

                                       — 김이섭 옮김, 민음사, 2001년, 201쪽

40

선과 악 사이에
역동적인 균형을
유지할 수 있는 사람

비가 한차례 더 올 모양인지 하늘이 흐려졌다. 먹구름 가득한 하늘 사이로 한줄기 빛이 내린다. 아기 얼굴 같은 달이 빼꼼 보이는 게 신령스럽다. 아침에 왜 달이 뜨는지 궁금해하던 때가 있었다. 보이지 않아도 존재하는 것들에 대해 자주 생각하는 요즘이다.

『현대 물리학과 동양사상』, 프리초프 카프라

수탉은 황혼에 여명(黎明)을 알리고
태양은 한밤중에 빛난다.

모든 대립적인 것이 양극적인 것이라는 개념 — 즉 광명과 암흑, 득과 실, 선과 악 등이 동일한 현상의 다른 면에 불과하다는 생각은 동양인의 생활 방식에 있어서 기본적인 원리 중 하나다. 따라서 일체의 대립적인 것은 상호 의존적이기 때문에 그것들의 투쟁은 결코 어느 한쪽의 완전한 승리로 끝날 수 없고 항상 양자 간의 상호 작용을 표출하는 것이다. 그러므로 동양에서 덕이 있는 사람이란 선을 위해 분투하고 악을 소멸시키는 불가능한 과업을 떠맡는 사람이 아니라, 오히려 선과 악 사이에 역동적인 균형을 유지할 수 있는 사람이다.

— 김용정·이성범 옮김, 범양사, 2006년, 195쪽

Part 03

고독, 혼자가 편안해지는 시간

41

엄마가 웃으면
배가 따듯해진다

날 선 데 없이 보드랍고 분별없이 아름다운 문장을 만났다. 탈이 난 배를 둥그렇게 문지르며 부르던 노래—'엄마 손은 약손'—같은 문장, 아픈 몸을 들여다보듯 읽으면서 쓰다 보면 답답한 체기가 내려가는 것 같다. 사랑하는 사람이 오래전 몸에 남긴 흔적들을 가만가만 더듬으면서 귀한 보약을 오래 달여 마시듯 천천히 음미하는 문장.

마른 멸치를 보고 반짝임과 헤엄의 기억을 캐내는 인류의 언어 능력이 자랑스럽다. 언어 능력만큼은 로봇에게 양보할 수 없다는 비장한 심정으로 한 글자, 한 글자 꾹꾹 눌러써 보기.

멸치도 사랑을 할까, 은유를 알까, 같은 질문이 생각나면 그것도 적어보기.

『너무 보고플 땐 눈이 온다』, 고명재

 사박사박 아름답게 스치는 소리. 손톱 같은 게 상자 속에서 흔들리면서 볕에 잘 말린 멸치 특유의 소리를 낸다. 아주 작은 크기의 은화 같은 거. 때로 헤엄치던 푸른 기억 같은 거. *사박사박* 이 소리엔 햇살이 있다. 반찬가게를 하는 엄마와 시장에 가면 멸치를 고르는 데 제법 많은 시간을 쓴다. 다시용 멸치에서부터 각종 볶음용까지 굵기와 색깔, 습도, 모양, 원산지 등을 꼼꼼히 살피며 엄마는 손끝으로 멸치를 만진다. 질 좋은 멸치를 싸게 산 날은 엄마가 유난히 웃는다. 엄마가 웃으면 배가 따듯해진다. 그래서 손끝으로 엄마가 멸치를 만질 때 나는 이번엔 좋은 멸치를 만나게 해줘요 기도한다. 저렇게 작은 게, 세밀한 게, 반짝이는 게, 우리 가족 전부를 먹여 살렸다.

— 난다, 2023년, 117쪽

42

다정한 흙은
조금도 서두르지 않고

삶이 힘들 때 우리의 몸과 마음은 하늘보다 땅에 가깝다. 초연한 마음으로 하늘을 향해 기도하는 사람도 있지만 대개는 땅에 바짝 엎드려 울거나 간청하게 된다. 땅에게 기도하는 일은 생명의 근원에 대해 묻는 일이기도 하다. 전지전능을 주장하지 않는 땅은 인간다워 더 가까이 다가가게 된다.

수년간 필사한 노트 여러 권을 들춰보면 유독 '죽음'에 관한 문장이 많다. 어린 시절, 얼룩진 천장을 보며 죽는 게 뭘까, 궁금했던 기억은 아직도 선명하다. 사라지는 것일까, 어디론가 떠나버리는 것일까, 잠시 숨는 것일까.

누군가 내게 죽음은 흙으로 돌아가는 일이라 했다.『대지』의 문장은 그 흙이 다정하다고 덧붙였다. 한 줌의 다정한 흙이 되는 일. 조금 덜 무서워졌다.

『대지』, 펄 S. 벅

  봄이 가고, 또 여름이 가고, 가을 추수 때가 되어 다시 겨울이 오기 전, 잠시 따뜻한 가을 햇볕을 받으며 왕룽은 옛날 그의 아버지가 하던 버릇대로 양지쪽 토담에 기대앉았다. 그는 먹을 것, 마실 것 그리고 그의 땅에 대한 것 이외에는 아무것도 생각하지 않았다. 땅에 대한 생각이라 할지라도 추수가 얼마나 될 것이며, 무슨 씨를 뿌려야 할 것인가 하는 것들은 염두에도 없었고, 오로지 땅 자체만을 생각했다.

  왕룽은 이따금 허리를 굽히고는 손으로 흙을 긁어모아 쥐었다. 그렇게, 한 줌의 흙을 쥐고 있으면 손가락 사이에 생명이 꿈틀거리는 것 같았다. 그는 그것으로 만족하였고, 흙과 방 안에 놓여 있는 좋은 관에 대해 때때로 생각했다.

  다정한 흙은 조금도 서두르지 않고 그가 흙으로 돌아올 날을 기다리고 있었다.

_ 장왕록·장영희 옮김, 도서출판 길산, 2014년, 상 권, 407쪽

43

사랑이라는 단어의 촉감을
잃어버렸을 때

출산을 하루 앞둔 여름날 오후 다섯 시, 해는 여전히 불타고 있었고 몸은 천근만근 무거워 밥 한 끼 먹는 것조차 버거웠는데, 곧 해산할 것 같은 조짐이 들어 홀로 산책을 나섰다. 미세한 진통이 규칙적으로 찾아올 때마다 걸음을 멈추었다. 길가에 붉게 핀 히비스커스와 늦은 오후 부드러워진 황금빛 햇살, 은빛 조각처럼 춤추는 강물을 물끄러미 바라보았다. 멈춤과 응시가 반복되는 그 순간들 속에서 모든 것이 순조로울 거라는 위안 같은 계시를 느꼈다.

내 안의 생명과 바깥의 생명이 은밀하게 신호를 주고받던 그때, 새까만 몽돌 하나를 발견했다. 갓 태어난 아기의 발바닥처럼 반들반들했다. 마치 네잎클로버라도 찾은 듯 반가운 마음으로 그 돌을 주워 집으로 돌아와 저녁 내내 손에 쥐고 있었다.

다음 날 아침, 병원에서 조산사 선생님과 화기애애한 대화를 나누다가 웃음 속에 둘째 아이를 품에 안았다. 그때부터 나는 돌과 물도 말을 할 줄 안다는 것을 믿게 되있다. "고생했어요, 곧 좋은 시절이 올 거예요"라고 위로하며 속삭일 줄 안다는 것도.

『당신을 사랑할 수 있어 참 좋았다』, 곽재구

   천천히 몽돌밭을 따라 걷습니다.
   물과 돌의 감촉이 함께 느껴지는군요. 사랑스러운 감정이란 이런 경우를 두고 하는 말인지 모릅니다. 당신 너무 슬프거나 아프거나 감정이 메말라서 사랑이라는 단어의 촉감을 잃어버렸을 때 문득 송이도에 들르세요. 송이도의 하얀 몽돌밭을 맨발로 천천히 걸으세요. 둥글고 부드러운 돌들이 세상사를 겪느라 힘들 대로 힘들어진 당신의 발바닥을 따뜻이 위로하는 소리를 들을 수 있지요. 돌들이 뭐라 말하는지 잘 들어보세요. 고생했어요. 곧 좋은 시절이 올 거예요. 돌들의 목소리가 들리나요?

                                                            ＿ 해냄출판사, 2018년, 344-345쪽

44

**지나친 다정함의 고통을
알 수 있기를**

아무것도 할 수 없을 것 같은 날에도 한 줄은 써볼 수 있다.
엄지손가락 하나 까딱 하기 싫은 날에도 사랑은 할 수 있다.

『예언자』, 칼릴 지브란

　사랑은 사랑 자체를 채우는 것 외에는 다른 것은 바라지 않는다.
　그러나 그대 만일 사랑하면서도 또 다른 바람을 품지 않을 수 없거든, 이것이 그대의 바람이 되게 하라.
　서로 하나 되어 흘러가며 밤을 향해 노래 부르는 시냇물처럼 되기를.
　지나친 다정함의 고통을 알 수 있기를.
　사랑을 이해함으로써 그것에 상처받기를.
　그리하여 기꺼이 즐겁게 피 흘릴 수 있기를.
　날개 달린 가슴으로 새벽에 일어나 또 하루 사랑의 날을 보내게 되었음을 감사할 수 있기를.
　낮에는 쉬면서 사랑의 환희에 대해 명상할 수 있기를.
　저녁에는 감사하는 마음으로 집에 돌아올 수 있기를.
　그런 다음 사랑하는 이를 위해 가슴속으로 기도하고, 입술로는 찬미의 노래를 부르며 잠들 수 있기를.

_ 류시화 옮김, 무소의뿔, 2018년, 25쪽

45

괴로움이
그대에게 있으므로

쉴 새 없이 내리는 비에 잡초도 쉴 새 없이 자란다. 잡초가 자라지 않게 약을 치는 방법도 있고 잔디 깎기 기계를 써도 되지만 손으로 뽑는 걸 좋아한다. 비에서 양분을 얻은 축축한 흙을 만지면서 신선한 초록 풀내음을 맡을 일이 이때 말고는 거의 없기 때문이다. 스마트폰에서 간신히 해방된 내 두 손을 들여다보는 것도 좋다. 손톱이 흙과 풀의 흔적으로 채워지는 게 좋다.
 마음이 산란할 때는 한 시간쯤 잡초를 뽑으면 그만이다. 잡초 한 포기 뽑을 때마다 조금씩 편안한 내가 된다. 한 글자 한 글자 쓸 때마다 편안한 내가 된다.

「이별 2」, 이성복

　아직 그대는 행복하다 괴로움이 그대에게 있으므로 그러나 언젠가 그가 그대를 떠나려 하면 그대는 걷잡을 수 없이 불행해질 것이다 괴로움이 그에게로 옮아갈 것이므로

_ 『그 여름의 끝』 문학과지성사, 1994년, 97쪽

46

우리의 허언들만이
웅성이고 있었다

어제는 우연히 영화 한 편을 보았다. 우리의 의식이 몇 겹일까 궁금하게 만드는 영화였다. 영화 속에 등장하는 건물은 4층이었다. 1층에 머무를 때 주인공은 화려한 이력 속에서 괜찮은 척 아무일 없는 척 태연하게 자기를 숨기며 살아갔다. 꼭대기 층에 살 때는 조금 비참한 처지였지만 싫은 소리도 좀 하면서 살았고 무구한 강아지처럼 사랑받았다. 요즘에는 자신을 타인을 속이면서 사는 삶도 그렇게 기만적인 일은 아니겠다는 생각이 든다.

「우리의 허언들만이」, 박준

  한해살이풀이 죽은 자리에 다시 한해살이풀이 자라는 둑과 단단히 살을 굳힌 자갈과 공중을 깨며 부리를 벼린 새들의 천변을 마주하면 적막도 새삼스러울 것 없었다 다만 낯선 소리라도 듣고 싶어 얇은 회벽에 귀를 대어보면 서로의 무렵에서 기웃거렸던 우리의 허언들만이 웅성이고 있었다

—『우리가 함께 장마를 볼 수도 있겠습니다』, 문학과지성사, 2018년, 26쪽

47

나는 나의 행복을
천직으로 받아들였다

자존감이란 내가 중요하고 소중하다는 느낌이 아니라 '내까짓 게 뭐가 중요해, 별 볼일 없지'라고 진심으로 생각하고 거기에 큰 심리적 지장을 받지 않는 상태인 것 같다. 자존감을 쟁취와 정복의 대상으로 삼지 않기.

『지상의 양식』, 앙드레 지드

　행복해질 필요가 없다고 굳게 믿을 수 있게 된 그날부터 내 마음속에 행복이 깃들기 시작했다. 그렇다, 행복해지기 위해서 내게 필요한 건 아무것도 없다는 사실을 굳게 믿게 된 그날부터. 이기주의를 곡괭이로 내리찍고 나자 곧 내 심장에서 기쁨이 어찌나 넘치도록 뿜어 나오는지 다른 모든 사람들에게도 그 기쁨의 물을 마시게 해 줄 수 있을 것만 같았다. 가장 훌륭한 가르침은 모범을 보이는 것임을 나는 깨달았다. 나는 나의 행복을 천직으로 받아들였다.

_ 김화영 옮김, 민음사, 2007년, 216쪽

48

몇 생을 찾아 헤멘 게
바로 이 냄새가 아니었던가

"사랑받은 기억처럼 오래가고 우리를 살맛 나게 하고 행복하게 하는 건 없습니다"라는 문장을 베껴서 책상에 붙여 놓았다. 둘째 아이를 낳은 지 얼마 안 됐을 때였다. 사랑한 사실을 기억으로 남겨주는 게 중요해 보였다.

그런데 기억이란 내가 심어주는 것인가, 상대가 기억할 것을 선택하는 것인가. 부모도 사람이라 가끔은 자식이 미울 때도 있다. 백 가지의 사랑보다 한 가지의 미움을 기억하는 게 인간이라면, 나는 더 열렬히 내 사랑을 글로 저장해 두고 싶다. 아이들이 엄마를 미워하는 순간이 혹여나 오면 증거처럼 쏙- 하고 치사하게 내밀 수 있는 글을.

「후남아, 밥 먹어라」, 박완서

　녹물은 안 들었는지 몰라도 밥 뜸 드는 냄새에는 무쇠 냄새도 섞여 있었다. 매캐한 연기 냄새도, 연기가 벽의 균열을 통과하면서 묻혀 온 흙냄새도, 그 모든 냄새와 어우러진 밥 뜸 드는 냄새가 그렇게 좋을 수가 없었다. 아아 이 냄새, 이 편안함, 몇 생을 찾아 헤맨 게 바로 이 냄새가 아니었던가 싶은 원초적인 냄새, 이열치열이라더니 음식 때문에 뒤집힌 비위를 부드럽게 위로하는 이 편안한 냄새. 어머니는 왜 아무 연고도 없는 이리로 왔을까. 나는 또 생전 처음 맡아보는 이 냄새가 왜 이렇게 좋은가. 어머니는 셋째딸을 낳을 때 또 딸일까 봐 산파 비용 아끼려고 쌀 한 말을 이고 시골 친정집에 가서 몸을 풀었다고 한 적이 있었다. 외가는 가난했고 외할머니는 일찍 돌아가셔서 그녀는 철나고 한 번도 외갓집이라는 데를 가본 적이 없었다. 난 혹시 이런 집 이런 방에서 이 세상 첫 빛을 본 건 아니었을까.

— 『친절한 복희씨』, 문학과지성사, 2007년, 140-141쪽

49

만일 내가
참으로 한 사람을 사랑한다면

혼자가 두려워서 사람을 만나면 탈이 났다. 세상이 미워서 등 돌리면 나만 손해였다.

사랑이 궁금해서 남의 사랑을 베껴 적었다. 서늘했던 마음의 공백이 든든한 여백이 되고 나니 백지 위에 어떤 문장을 써야 할지 그제야 조금 알 것 같았다.

『사랑의 기술』, 에리히 프롬

사랑은 활동이며 영혼의 힘임을 알지 못하기 때문에 사람들은 단지 올바른 대상을 찾아내는 것만이 필요하며, 그렇게 되면 그밖의 일은 모두 저절로 될 것이라고 믿는다. 이 태도는 그림을 그리고 싶어하면서도 기술은 배우지 않고, 올바른 대상만을 고르면서 대상만 찾아내면 아름답게 그릴 수 있다고 주장하는 사람의 태도에 비유할 수 있다. 만일 내가 참으로 한 사람을 사랑한다면 나는 모든 사람을 사랑하고 세계를 사랑하고 삶을 사랑하게 된다. 만일 내가 어떤 사람에게 '나는 당신을 사랑한다'고 말할 수 있다면, '나는 당신을 통해 모든 사람을 사랑하고 당신을 통해 세계를 사랑하고 당신을 통해 나 자신도 사랑한다'고 말할 수 있어야 한다.

― 황문수 옮김, 문예출판사, 2025년, 74-75쪽

50

서창에 걸린 해말간 풍경화

슬픈 이야기를 너무 많이 읽었는지 슬픈 꿈을 자주 꾼다. 어떤 꿈에서는 감당할 수 없는 두려움을 느끼기도 했다. 눈 뜨면 몸이 무거웠다가 꿈이었다는 걸 알고 나면 가벼워졌다.

평범한 일상 속에서 문득 감당하기 벅찬 감정 속으로 침잠하게 될 때, 세상 전체가 하나의 고통체라는 생각에 사로잡힌다. 그 안에서 웃고 떠드는 사람들이 낯설게만 보인다. 나만 빼고 모두가 행복한 것 같은 때, 세상이 나만 따돌리는 것 같은 때, 그래도 입맛은 살아 있으니 밥을 먹는다.

밥 한 끼가 슬픔을 가져가는 때도 있다. 필사 한 줄이 때로 이런 밥 한 끼 같다.

「황혼이 바다가 되어」, 윤동주

하루도 검푸른 물결에
흐느적 잠기고…… 잠기고……

저— 웬 검은 고기떼가
물든 바다를 날아 횡단할고.

낙엽이 된 해초
해초마다 슬프기도 하오.

서창에 걸린 해말간 풍경화.
옷고름 너어는 고아의 설움.

이제 첫 항해하는 마음을 먹고
방바닥에 나뒹구오…… 뒹구오……

황혼이 바다가 되어
오늘도 수많은 배가
나와 함께 이 물결에 잠겼을게요.

51

그녀는
초음속의 시간을 살았다

책에 연필로 밑줄 긋는 것을 좋아한다. 세상의 수많은 불확실성을 견디며 살아가는 이에게 명확한 선 하나 그어보는 일은 이상하게 든든한 느낌을 준다. 밑줄 긋는 것만으로 지금 내가 당장 할 수 있는 것과 할 수 없는 것이 냉철히 구분되는 것만 같다. 쓱 긋고 나면, 받아들일 수 없는 것을 받아들일 힘이 생긴다.

   오늘은 조금 더 힘을 주어 밑줄을 그어 본다. 책이 작가의 영혼이라면 밑줄은 독자의 영혼이다. 작가와 독자를 잇는 단단한 동아줄이다. 조용한 방 안을 가득 메우는 사각사각 선 긋는 소리, 어쩌면 신의 음성이 이와 닮아 있을지도 모르겠다고 감히 생각해 보는 오늘의 필사 시간.

『별의 시간』, 클라리시 리스펙토르

그것 말고도, 그녀는 자신에 대해 설명하기가 점점 더 힘들어졌다. 그녀는 자신을 단순한 유기체로 만들었다. 그녀는 단순하고 정직한 것들에게서 죄의 은총을 발견하는 법을 알아냈다. 그녀는 시간의 흐름을 느끼는 게 좋았다. 그녀에겐 손목시계가 없었지만, 아니 어쩌면 바로 그랬기 때문에, 시간의 광대함을 음미할 수 있었다. 그녀는 초음속의 시간을 살았다. 그녀가 음속의 장벽 너머에 존재하고 있음을 알아차린 사람은 아무도 없었다. 그래서 다른 사람들에게 그녀는 존재하지 않았다. 그녀가 다른 사람들보다 뛰어난 점이 하나 있다면, 그건 물 없이 알약을 삼킬 수 있다는 것이었다.

— 민승남 옮김, 을유문화사, 2023년, 107쪽

52

밤하늘의 별을
자주 바라보는 까닭을
알 것 같습니다

명언 읊기를 좋아하는 남편은 한때 '해뜨기 전이 가장 어둡다'라는 말을 입에 달고 살았다. 그 문장을 가슴에 품고, 우리는 나란히 어두운 터널을 통과했다.

　하나의 터널을 통과하고 나니 또다른 터널이 등장했다. 삶이란 빛과 어둠이 뒤엉켜 노는 하나의 장이라는 걸 이제 조금은 안다. 어둠이 끝나기만을 기다리며 생을 소진하기에 생은 너무 짧았다.

　별빛 아래서 어둠의 검은 옷자락을 붙잡고 춤을 추기로 했다. 달빛 아래서 밤이 들려주는 고백에 가만히 귀 기울여 보기로 했다. 요즘 남편의 책상 위에는 '살자고 하는 짓은 다 용감한 거야'라는 문구가 쓰인 포스트잇이 붙어 있다. 사소한 말 한마디로 우주 먼지 같은 인간의 마음이 은하수처럼 펼쳐진다.

『더불어 숲』, 신영복

  촛불 한 개가 밀어낼 수 있는 어둠은 참으로 빈약한 것입니다. 더구나 빈약한 불빛 옆에 앉아 있는 나 자신이 참으로 티끌 같은 존재임을 실감합니다. 내일 아침에 해가 뜨면 어둠 속에서 모습을 드러낼 안나푸르나 연봉과 마차푸차레의 설산이 차라리 구원처럼 기다려집니다. 아득한 옛날 유라시아 대륙과 인도 대륙이 부딪치면서 솟아올랐다는 히말라야 산맥이 아무리 우람하다 해도 그것은 이 거대한 우주의 심부름꾼에 지나지 않을 것이라는 생각이 듭니다.

  히말라야를 어둠 속에 묻어 둔 하늘에는 설봉雪峰 대신 지금은 별이 있습니다. 우리가 희망을 잃지 않는 것은 '밤이 깊으면 별이 더욱 빛난다'夜深星逾輝는 진리라고 했습니다. 세월이 힘들고 세상이 무서운 사람들이 밤하늘의 별을 자주 바라보는 까닭을 알 것 같습니다.

— 돌베개, 2015년, 350-351쪽

53

유리에 차고 슬픈 것이
어른거린다

문학 시간에 교과서에서 읽을 때는 이렇게 슬픈 시인 줄 몰랐다. 아이를 잃고 나서 맞는 어느 새까만 밤, 잠을 이루지 못하고 김 서린 창문만을 닦아보는 아빠의 마음과 흐린 창문 너머로 보이는 별을 보며 혹시 저 별이 내 아이가 아닐까 생각해 보는 마음을 그때는 알지 못했다.
　'왜 선생님은 그런 마음에 대해 알려주지 않았을까' 애석해하다가 '아, 알려주었는데 내가 제대로 알아듣지 못한 것이구나' 싶었다.

「유리창 1」, 정지용

유리에 차고 슬픈 것이 어른거린다.
열없이 붙어서서 입김을 흐리우니
길들은 양 언 날개를 파닥거린다.
지우고 보고 지우고 보아도
새까만 밤이 밀려나가고 밀려와 부딪히고,
물 먹은 별이, 반짝, 보석처럼 박힌다.
밤에 홀로 유리를 닦는 것은
외로운 황홀한 심사이어니,
고운 폐혈관이 찢어진 채로
아아, 너는 산새처럼 날아갔구나!

— 『향수』 애플북스, 2015년, 99쪽

54

상황을 철저하게
통제하려 드는 사람일수록

수년 전의 나는 누군가에게 환대를 베풀지도 기대하지도 않았다. 상처 주기 쉬운 세상에서 감정 소모를 최소화하는 편이 경제적이라 생각했다.
 책을 읽으면서 생각이 바뀌었다. 오늘 하루 한 사람이라도 웃게 하는 것, 웃게 하지 못하면 나라도 웃는 것, 누구도 사랑할 수 없는 상처투성이의 마음일 때, 그 절망마저도 사랑해 보려는 일의 가치를 알게 되었다.

『내가 틀릴 수도 있습니다』,
비욘 나티코 린데블라드

   우리가 사는 우주는 모든 것이 임의로 이루어지는 차갑고 적대적인 곳이 아닙니다. 오히려 정반대입니다. 우리가 세상으로 내보내는 것은 결국 우리에게 고스란히 돌아오지요. 제가 이처럼 믿음을 말하면, 상황을 철저하게 통제하려 드는 사람일수록 마음이 더 불편해질 것입니다. 하지만 그럴수록 믿음이 주는 기쁨과 풍요로움을 놓치게 됩니다. 그리고 누구라도 기댈 것이라곤 믿음밖에 없는 상황을 맞이하게 될 수 있지요.

                                                                      — 박미경 옮김, 다산초당, 2022년, 242쪽

55

그것이 바로
두 사람이 합쳐지는
결혼의 순간이었다

『대지』 초반부에 등장하는 왕룽과 오란의 결혼식은 내가 본 중 가장 아름다운 예식이었다. 하늘과 땅만이 아는 은밀한 서약. 침묵 속에서 향 하나를 태우며 거행되는 고요한 가약. 말없이 눈빛 하나로 결합되는 두 마음. 감히 영원을 약속하지 않고, 섣불리 행복을 다짐하지도 않는다. 결혼에도 미학이라는 것이 있다면 세리머니가 아닌 생존에 있으므로.

　고난 속에서 동행하며 어둠을 빠져나오는 것, 생존의 위기 속에서 내 모습의 바닥을 보여주는 것, 그러고도 손잡고 같이 걸어나가는 것. 이른바 '지지고 볶음'의 미학. 함께 살아간다는 건 하나로 살아남는 행위 아닐까.

『대지』, 펄 S. 벅

두 남녀는 지신 앞에 섰다. 오란은 발갛게 달아올랐다가 잿빛으로 변하는 향 끝을 바라보았다. 향이 타서 재가 길어지면 허리를 굽혀 손가락으로 재를 털었다. 그리고 자기가 한 일에 겁을 먹은 듯한 멍한 눈으로 왕룽을 힐끔 쳐다보았다. 그러나 그녀의 행동에는 왕룽이 좋아하는 뭔가가 있었다. 오란도 그 향불을 그들 두 사람을 연결해주는 상징처럼 느끼는 모양이었다. 그것이 바로 두 사람이 합쳐지는 결혼의 순간이었다. 향이 완전히 재로 변하는 동안, 그들 두 사람은 한마디 말도 않고 그곳에 나란히 서 있었다. 그러다가 해가 지기 시작하자 왕룽은 다시 궤짝을 어깨에 둘러메고 오란과 함께 집으로 향했다.

— 장왕록·장영희 옮김, 도서출판 길산, 2014년, 상 권, 30-31쪽

56

고요하고 온화한
여름날의 저녁이
화성에 드리웠다

어떤 날에는 책을 열 권쯤 펼쳐서 엎어둔다. 양날개를 펼친 새들이 모여 있는 것만 같아 보기에 좋다. 책의 날개를 들추면, 새알 같은 글자들이 옹기종기 모여 있다. ㄱ은 어떻게 ㄱ이고 ㄴ은 어떻게 ㄴ이지. 30개의 자음과 모음이 만났을 뿐인데 의미가 생기고 이 조합이 만들어낸 우연의 결과가 수천만 권의 책이라니 경이롭다. 내가 그동안 베껴 적은 수많은 점과 면과 선을 헤아려 본다. 점선면을 엮고 쌓았더니 내 안에 작고 아늑한 둥지가 완성되었다.

『화성 연대기』, 레이 브래드버리

    석조 관람석에 삼삼오오 모여 있던 사람들이 파란 언덕의 그림자 속으로 흩어지며 자리를 잡았다. 하늘의 별들과 화성의 쌍둥이 달이 선사하는 부드러운 저녁 빛살이 사람들을 내리덮었다. 대리석 반원형 극장 너머로 멀리 떨어진 어둠 속에서, 작은 도시와 저택들이 아른거렸다. 은빛 연못은 고요했고, 운하는 지평선의 끝에서 끝까지 반짝이며 이어졌다. 고요하고 온화한 여름날의 저녁이 화성에 드리웠다. 녹색 와인이 흐르는 운하에는 청동 꽃송이만큼이나 가녀린 나룻배들이 떠다녔다. 조용히 누운 뱀처럼 구불거리는 언덕배기를 따라 끝없이 늘어선 집들에서는 연인들이 시원한 밤의 침대에 나른히 누워 서로 사랑을 속삭였다. 아직도 귀가하지 않은 아이들은 거미줄의 얇은 막을 쏘아 대는 금빛 거미를 들고 횃불로 밝힌 골목을 뛰어다녔다. 여기저기 은빛 용암이 부글거리는 식탁마다 늦은 저녁이 차려졌다.

                                                     — 조호근 옮김, 현대문학, 2020년, 48-49쪽

57

삼월이 오는 푸른 샛강에
그대를 보내며

누군가의 말을 필사해 보기도 한다. 이를테면 오늘 아빠가 한 이야기.

"테레비에서 장사익이라는 가수가 기형도 시인의 〈엄마 걱정〉이라는 시를 노래로 바꿔 부르는데 눈물이 나더라고. 나는 찬밥처럼 방에 담겨 아무리 천천히 숙제를 해도 엄마 안 오시네……. 지금쯤 살아계시면 여든아홉이실 텐데, 당신 아들 철든 건 보고 가셨으면 좋았을 텐데."

「애가 1」, 이성복

삼월이 오는 푸른 샛강에
그대를 보내며
우리는 말을 잊었습니다

잘 가라고,
잊을 수 없음을 알면서도
잊어야 한다고, 잊어버리자고

삼월이 오는 푸른 샛강에
그대의 뼈는 하얗게 뿌려집니다
높은 산 고사목같이 우리는
하얗게 주저앉았습니다

_『그 여름의 끝』 문학과지성사, 1994년, 100쪽

58

모든 이들이
마치 잠든 것처럼 보였으나

동네 초등학교에 운동회가 열렸다. 깡충깡충 달리는 다람쥐 같은 아이들, 부쩍 자란 아이를 먼발치에서 바라보는 부모들의 애정 어린 눈빛. 열락의 함성이 신록의 운동장을 가득 메우고, 오후 세 시의 햇살이 기쁨에 찬 사람들 어깨 위로 살포시 내려 앉는다. 황금빛 광휘가 파도처럼 일렁이던 어느 평범한 오후의 풍경. 우리는 매일 영롱한 광채와 찬란한 반짝임 속에서 살아가고 있다. 그 반짝임은 우리 모두의 진면목이기도 하다.

『의식 혁명』, 데이비드 호킨스

  세상의 모든 것 모든 사람이 다 환했고 형언할 수 없이 아름다웠습니다. 모든 살아 있는 것은 빛을 뿜게 되었으며, 그 광휘를 멎어있음과 장려함 속에서 표현했습니다. 전 인류가 사실상 내면의 사랑을 동기로 하지만 그저 그것을 알지 못하게 되었을 뿐이라는 것이 명백했습니다. 대부분의 사람들은 자신이 정말 누구인지에 대한 지각이 깨어나지 않은, 잠자는 사람처럼 살아갑니다. 모든 이들이 마치 잠든 것처럼 보였으나 믿을 수 없을 만큼 아름다웠습니다. 나는 모든 사람과 사랑에 빠졌습니다.

― 백영미 옮김, 판미동, 2011년, 22-23쪽

59

그대에게 권하노라!
모든 일에 하늘을
원망하지 말라!

가까운 지인이 자신의 주식 계좌를 보여주었다. 몇 해 만에 자산이 세 배로 불어난 모습을 보니, 그동안 차곡차곡 저축만 해온 시간이 아쉽게만 느껴졌다. 그날로 금융 공부를 시작한 지 벌써 1년이 되었다. 하루에 1~2시간씩 강의를 들으며 관련 책을 읽었다. 중요한 내용은 독서 노트에 꼼꼼히 기록했다.

개미 투자자로 첫걸음을 내디디자, 그동안 아무리 익히려 해도 머릿속을 스쳐 지나가던 경제 용어들이 화살처럼 선명히 박혔다. 각국의 정치, 역사, 경제, 지정학적 갈등에 관한 뉴스도 이전과는 다르게 눈여겨보게 되었다. 오랜만에 새로운 배움의 기쁨을 누렸다.

'청소년 시기부터 이런 걸 배웠더라면 내 삶은 달라졌을까?' 잠시 생각하다가, 각자에게는 저마다의 때가 있다는 결론에 이르렀다. 삶의 굴곡과 부침을 지나야 비로소 변곡점이 찾아오는 법이라고, '그 집을 샀어야 했는데' '그 종목을 샀어야 했는데' 하는 후회로 가득한 인생을 살지 않으려면, 일단 실컷 후회할 일들을 겪어보는 것도 필요하다고.

『명심보감』, 이한우

"꽃이 지고 꽃이 피고 피었다가 또 지고 비단옷을 베옷으로 다시 갈아입기도 한다. 호화로운 집안이라고 해서 반드시 언제나 부귀를 누리는 것도 아니고, 가난한 집안이라고 해서 반드시 오랫동안 적적하고 쓸쓸한 것은 아니다. 사람을 부축한다고 해서 그 사람이 반드시 푸른 하늘에 오르는 것은 아니고, 사람을 밀친다고 해서 그 사람이 반드시 깊은 수렁에 굴러떨어지는 것은 아니다. 그대에게 권하노라! 모든 일에 하늘을 원망하지 말라! 하늘의 뜻은 (특별히 어떤) 사람에 대해 두텁지도 엷지도 않다."

— 해냄출판사, 2017년, 231쪽

Part 04

고요, 비로소 홀로 머무를 수 있는 마음

60

그녀는 홀로
자기 자신이 될 수 있었다

아이 둘이 동시에 울음을 터트린다. 세 살 아이 앞에는 유튜브 동영상을 대령하고 백일 된 아이는 얼른 안아 엉덩이를 토닥인다. 밀린 집안일은 못 본 체하고 뜨거운 커피를 한 잔 마신다. 세상 무너진 듯 울다가 이토록 쉽게 안도하는 세 얼굴들, 어이없이 사랑스러운 존재들. 잠깐의 여유를 내어 필사를 해본다.

램지 부인은 아이가 다섯이었다. 남편은 그 아이들보다 더 아이 같았으므로 여섯이라 해도 좋을 것이다. 쉼 없는 돌봄 노동 사이사이, 인도나 이탈리아로 훌쩍 떠나는 공상이 최대의 일탈이었던 사람. 해외여행 대신 그녀는 뜨개질에 몰입했다. 바늘로 실을 엮는 동안에 사념의 실타래는 낱낱이 풀어 헤쳐 아무것도 엉킨 것이 없게 했다. 어디에도 매이지 않은 방종한 마음은 더이상 여행을 필요로 하지 않았다. 앉은 자리에서 곧바로 자신에게 접속하는 도인에게 파란만장한 오디세우스식 모험은 사서 하는 번잡한 고생인지도 모른다.

우리는 한 발자국도 움직이지 않고도 이디로든 갈 수 있다. 세상에서 가장 근사한 목적지는 자기 자신이다.

도망가기 위해서가 아니라, 도착하기 위해 읽고 쓴다.

『등대로』, 버지니아 울프

    이제 그녀는 그 누구에 대해서도 생각할 필요가 없었다. 그녀는 홀로 자기 자신이 될 수 있었다. 바로 그것이 그녀가 이제 필요로 하는 것이었다—생각하는 것, 아니 생각하는 것조차도 아니고, 그저 잠자코 있는 것, 혼자 있는 것, 모든 존재와 행위가, 팽창하고 번쩍이고 소리 내는 것들이 사라지고 줄어들어 거의 엄숙한 가운데 자기 자신이 되는 것, 쐐기 모양을 한 어둠의 핵심, 다른 사람들에게는 보이지 않는 무엇인가가 되는 것. 그녀는 여전히 똑바로 앉은 채 뜨개질을 계속했지만 그러면서도 자기 자신을 느낄 수 있었고, 그렇듯 착념을 떨쳐 버린 자아는 자유로워져서 그 어떤 기이한 모험도 할 수 있을 것만 같았다. 삶이 잠시 가라앉을 때면, 경험의 범위는 무궁무진해 보였다.

— 최애리 옮김, 열린책들, 2013년, 86쪽

61

아주 많은 사람이
영원히 이 절벽에 매달려 있다

유복한 가정 환경이 복이 아닌 독이 될 수 있을까. 『데미안』을 부잣집 도련님의 방황기라고 요약하는 모독을 저질러보고 싶다.

도련님의 집에선 아침이면 찬송가가 울려 퍼지고 단정하고 청결한 누이들의 밝은 목소리가 오간다. 하녀들이 분주히 걸음을 옮기며 집을 가꾸고, 엄격함과 다정함을 균형 있게 갖춘 부모님이 울타리가 되어준다.

잃어버린 낙원이 괴로울까, 가져본 적 없는 낙원이 괴로울까. 질문을 던져 놓고 나니 두 가지가 크게 달라 보이진 않는다. 낙원도 지옥도 자기가 만드는 거라고, 그러니까, 미워도 하지 말고 사랑도 하지 말라고 누가 그랬다.

『데미안』, 헤르만 헤세

누구나 이런 어려움을 겪는다. 평범한 사람들에게 이것은 인생의 분기점이다. 자기 삶의 요구가 가장 혹심하게 주변 세계와 갈등에 빠지는 지점, 앞을 향하는 길이 가장 혹독한 투쟁으로 쟁취되어야 하는 지점이다. 많은 사람이 우리들의 운명인 이 죽음과 새로운 탄생을 경험한다. 삶에서 오로지 한 번, 유년이 삭아 가며 서서히 와해될 때, 우리의 사랑을 얻었던 모든 것이 우리를 떠나가려 하고 우리가 갑자기 고독과 우주의 치명적인 추위에 에워싸여 있음을 느낄 때 경험하는 것이다. 그리고 아주 많은 사람이 영원히 이 절벽에 매달려 있다. 돌이킬 수 없는 지나간 것에, 잃어버린 낙원의 꿈에, 모든 꿈 중에서 가장 나쁘고 가장 살인적인 그 꿈에 한평생 고통스럽게 들러붙는다.

_ 전영애 옮김, 민음사, 2000년, 67쪽

62

인간은 자기 자신과 대면한다

낯선 도시에 산 지 6년쯤 되던 해, 누군가 흔들어 깨우기라도 한 듯 새벽에 몸을 일으키던 날들이 있었다. 잠이 오지 않아 책의 아무 페이지나 펼쳐 기도하듯 필사하던 날들. 문장이 완성될 때마다 불안은 뒤로 밀려났다. 써나간 반대 방향으로 문장이 쓰이는 일은 없었다.

요즘에는 베개에 뒤통수만 대면 잠든다. 아이들 목소리가 알람 소리다. 편안히 잠에 드는 것도 무사히 잠에서 깨는 것도 모두 축복이라는 생각이 든다. 함께 숨죽이며 내 등을 토닥이던 새벽이 어디 가지 않고 내 몸에 새겨져 있음을 느낀다. 그 새벽은 인간이 침묵의 후손이라는 걸 알려주었다.

『안과 겉』, 알베르 카뮈

"(……) 여기 아무런 꾸밈없는 벌거숭이인 내가 있다. 내가 간판도 읽을 수 없는 도시, 친근한 그 어떤 것도 다가들지 않는 이상한 문자들. 이야기를 나눌 친구도 없고 오락거리도 없다. 이국 도시의 소음이 밀려드는 이 방에서 나를 불러내어 어떤 가정이나 좋아하는 장소의 좀 더 은은한 불빛 쪽으로 데려가줄 수 있는 것은 아무것도 없음을 나는 잘 알고 있다. 사람을 부를까? 소리를 지를까? 그래봐야 낯선 얼굴들만 내다볼 것이다. 교회들, 황금빛의 제단과 성향聖香, 그 모든 것이 나를 밀쳐내 던지는 일상생활 속에서는 모든 사물 하나하나가 다 내 불안감을 실감하게 한다. 그리고 이제 습관들의 장막, 졸고 있는 마음을 감싸주는 몸짓들과 말들로 짠 보자기가 서서히 걷히고 마침내 불안의 창백한 얼굴이 노출된다. 인간은 자기 자신과 대면한다. (……)"

— 김화영 옮김, 책세상, 2024년, 74-75쪽

63

당신의 진짜 모습으로
실패하거나 성공하라

인간이 갖춰야 할 덕목들이 있다고들 한다. 성실함, 다정함, 인내와 끈기, 긍정, 용기, 사랑…… 같은 것들. 그러나 이것들이 무엇인지 일단 잘 모르겠다. 그걸 알아보려고 책을 읽다가 작은 단서를 발견하기도 한다.

　꾸준함이란 무언가를 매일 하는 습성이 결코 아니었다. 하루, 이틀 또는 몇 주나 몇 달을 거르더라도 다시 돌아올 수 있는 힘이었다.

　출근하기 싫은데 일어나는 마음, 공부하기 싫지만 도서관에 가는 마음, 밉지만 사랑해 보려는 마음, 험한 말을 삼키는 마음, 포기하고 싶지만 한번 더 버텨보려는 마음, 더 먹고 싶지만 참는 마음, 실은 이런 마음들이 솔직한 인간다움 아닐까.

『타이탄의 도구들』, 팀 페리스

"(……) 그날 나는 사람들은 진정한 것, 날 것, 솔직한 것에 굶주려 있다는 사실을 깨달았다. 진실한 모습을 보이면 누군가는 반드시 받아준다는 것을 알고 나자 인생이 또 한 번 바뀌었다. 내가 당신에게 줄 수 있는 최고의 조언은, '당신의 진짜 모습으로 실패하거나 성공하라는 것'이다. 다른 사람이 되려고 하지 마라. 당신이 뭘 하든, 당신의 진정한 모습만으로 늘 충분할 것이다."

― 박선령·정지현 옮김, 토네이도미디어그룹, 2017년, 267쪽

64

나는 세상을 향해
생명의 빛을 뿜는 존재였다

뇌과학자인 저자가 뇌사 상태에서 겪은 일에 대해 쓴 책. 논리와 언어를 담당하는 좌뇌가 마비되고 감각과 직관을 담당하는 우뇌만 작동하는 상태에서의 경험은 비극이 아니라 순수한 평화 그 자체였다 한다. 과거와 미래가 사라지고, 오직 현재의 순간에 머무는 무경계의 자아 체험이 너무 황홀해서 다시 회복하는 것이 싫을 정도였다고 회상하는 부분이 인상 깊다.

책을 읽고 나니 필사가 좌뇌와 우뇌의 기능 중 장점만 골라서 하는 행위처럼 느껴졌다. 이성으로 한 문장씩 따라가며 논리를 정립하면서도 순간에 깊게 몰입하며 평화로움을 느낄 수 있다.

『나는 내가 죽었다고 생각했습니다』,
질 볼트 테일러

    좌뇌의 지성 활동이 멈추자 내 자신이 기적적인 생명이라는 내적 자각이 마음속에 가득 차올랐다. 내가 예전 같지 않다는 것은 사실이었지만, 우뇌는 단 한 번도 내가 예전보다 못한 존재가 되었다고 말하지 않았다. 나는 세상을 향해 생명의 빛을 내뿜는 존재였다. 내게 다른 사람들의 세상과 연결시켜줄 신체와 뇌가 있고 없고를 떠나, 그저 나 자신을 세포들이 빚어낸 걸작이라고 여겼다. 좌뇌의 부정적 판단이 사라지자 나는 나를 완벽하고 전체적이며, 현재 모습 그대로 아름다운 존재로 바라볼 수 있었다.

                                                             ― 장호연 옮김, 윌북, 2019년, 61쪽

65

내가 당신을 사랑하는 것은

세상의 가혹함을 목격하고도 다정한 말 한마디 건넬 수 있는 사람.
　상심한 마음, 애써 일으키려 들지 않고 누워 있어도 좋다고 말하는 사람.

「사랑하는 까닭」, 한용운

내가 당신을 사랑하는 것은
까닭이 없는 것은 아닙니다.
다른 사람들은 나의 홍안만을 사랑하지만은
당신은 나의 백발도 사랑하는 까닭입니다.

내가 당신을 사랑하는 것은
까닭이 없는 것은 아닙니다.
다른 사람들은 나의 미소만을 사랑하지만은
당신은 나의 눈물도 사랑하는 까닭입니다.

내가 당신을 사랑하는 것은
까닭이 없는 것은 아닙니다.
다른 사람들은 나의 건강만을 사랑하지만은
당신은 나의 죽음도 사랑하는 까닭입니다.

66

침대에 그냥 죽치고
있을 수는 없어

황당무계한 현실을 태연자약하게 받아들이는 그레고르의 태도가 오랜 세월 몸에 밴 무기력의 태도랄 수도 있지만 나는 조금 다르게 보고 싶다. 어쩌면 그레고르는 벌레가 된 처지를 내심 좋아했을 수도 있다. 누구나 이 지리멸렬한 삶에 한 번쯤은 특별한 사건이 일어나기를 바라듯이. 평생 자신을 희생하며 살아온 그레고르는, 타인을 배려하지 않아도 되는 삶에 눈떴다. 가족들을 배려하려 흉측한 자기 몸을 숨기지 않고 당당하게 활보한다. 누군가의 아들, 오빠, 사원이라는 역할 놀이를 끝내고 그가 얻게 된 것은 무엇이었을까.

『변신』, 프란츠 카프카

「침대에 그냥 죽치고 있을 수는 없어. 어떤 희생이 있더라도 침대에서 벗어날 수 있는 희망이 조금이라도 있다면 그러는 편이 최고 상책이야.」

하지만 이와 동시에 그는 그러는 와중에도 자포자기해서 결단을 내리는 것보다 차분하게, 아주 차분하게 곰곰 생각하는 편이 훨씬 더 낫다는 사실을 잊지 않았다. 그 순간 그는 되도록 날카로운 시선으로 창밖을 내다보았다. 하지만 유감스럽게도 좁은 골목길의 건너편까지 아침 안개로 자욱이 뒤덮여 있는 광경에서 어떤 낙관적인 기대나 쾌활한 기분을 얻을 수는 없었다.

「벌써 일곱시구나.」 자명종이 새로운 시간을 알리자 그는 혼잣말로 중얼거렸다.

「벌써 일곱시인데도 여전히 저렇게 안개가 끼어 있구나.」 그리고 한동안 그는 약하게 숨을 쉬며 조용히 누워 있었다. 행여나 쥐 죽은 듯 정적이 감돌아 현실적인 정상 상태로 회복되기를 기다리기라도 하듯이 말이다.

_ 홍성광 옮김, 열린책들, 2009년, 100-101쪽

67

나는 지그시 견디고 있는
힘을 다해
예의 바르다

선망하는 이의 생각을 닮고 싶어서 필사를 한다. 헤르만 헤세, 알베르 카뮈, 도스토예프스키, 톨스토이, 버지니아 울프. 그들은 이미 세상을 떠났지만, 그들의 문장은 여전히 남아서 우리의 마음을 뒤흔든다.

"아직은 아무것도 아니오"라는 카뮈의 문장을 불어로 검색해 보았다. Je ne suis encore rien, encore rien. 앙코흐 리엥. '아직은' 아무것도 아니라는 말은, '언젠가는' 무언가가 된다는 말이기도 할까. 필사는 정신없이 길을 가는 나를 멈춰 세워 질문하게 한다.

「여름」, 알베르 카뮈

    나는 바다에서 자랐고 가난이 내게는 호사스러웠는데 그 뒤 바다를 잃어버리게 되자 모든 사치는 잿빛이, 가난은 내게 견딜 수 없는 것이 되었다. 그 후부터 나는 기다린다. 귀향하는 선박들, 물의 집들, 청명한 날을 기다린다. 나는 지그시 견디고 있는 힘을 다해 예의 바르다. 사람들이 볼 때 나는 아름답고 교양 있는 거리들을 지나다니고, 경치에 감탄하고 모든 사람처럼 박수를 치고 손을 내밀지만, 말을 하는 것은 내가 아니다. 사람들이 나를 칭찬하면 나는 조금 꿈에 잠기고, 모욕을 받으면 아주 약간 놀란다. 그러고 나서 나는 잊어버리고 나를 모욕하는 이에게 미소 짓고 혹은 내가 좋아하는 사람에게 너무 공손하게 인사한다. 내가 기억하는 것은 단 하나의 이미지뿐이니 어찌하겠는가? 사람들은 마침내 내가 어떤 인물인지 말하라고 다그친다. "아직은 아무것도 아니오, 아직은 아무것도 아니오……."

                                               — 『안과 겉·결혼·여름』, 김화영 옮김, 민음사, 2025년, 257-258쪽

68

우리가 태어나서
죽을 때까지 맺는
온갖 관계 중에서

근사해지려 너무 애쓰지 않기, 좋은 문장을 끌어안고 푹 잠에 들기, 내가 맞다는 걸 증명하려 애쓰지 않기. 틀릴 수도 있는 모든 가정은 고귀하다. 나는 틀릴 수도 있습니다, 나는 틀릴 수도 있습니다. 사실은, 틀렸습니다.

『내가 틀릴 수도 있습니다』,
비욘 나티코 린데블라드

　　우리가 태어나서 죽을 때까지 맺는 온갖 관계 중에서 단 하나만이 진정으로 평생 이어집니다. 바로 우리 자신과 맺는 관계입니다. 그 관계가 연민과 온정으로 이루어진, 사소한 실수는 용서하고 또 털어버릴 수 있는 관계라면 어떨까요? 자기 자신을 다정하고 온화한 시선으로 바라보고 제 단점에 대해 웃어버릴 수 있다면 어떨까요? 그리고 그와 같은 마음으로 우리 아이들과 우리가 사랑하는 이들을 거리낌 없이 보살핀다면 또 어떨까요? 그렇게만 된다면 세상 전체가 반드시 좀 더 좋은 곳이 될 것입니다. 우리 안의 고귀한 마음가짐이 흘러넘칠 것입니다.

― 박미경 옮김, 다산초당, 2022년, 223쪽

69

살고자 하는 일이
찬란이었으므로

요양원에서 학생 실습을 하고 있다. 한 노인의 눈을 가만히 바라보다가, 그 눈이 우주의 외로운 행성 하나를 축소해 놓은 것 같다는 생각을 했다. 눈동자에는 주름이 없다. 젊은 몸이든 늙은 몸이든, 건강한 몸이든 병든 몸이든, 그것은 평등하게 찬란한 수정 구슬이다. 나의 구슬에 앞으로 무엇을 비추며 살아갈지 고심하게 된다. 아무리 어려운 상황 속에서도 내 몸 안에 빛나는 구슬 두 개가 있다는 것을 잊지 않기로 한다. 모든 존재는 찬란의 흔적을 남기기 위해 태어난 게 아닐까.

「찬란」, 이병률

겨우내 아무 일 없던 화분에서 잎이 나니 찬란하다
흙이 감정을 참지 못하니 찬란하다

감자에서 난 싹을 화분에 옮겨 심으며
손끝에서 종이 넘기는 소리를 듣는 것도
오래도록 내 뼈에 방들이 우는 소리 재우는 일도 찬란이다

살고자 하는 일이 찬란이었으므로
의자에 먼지 앉는 일은 더 찬란이리
찬란하지 않으면 모두 뒤처지고
광장에서 멀어지리

(……)

— 『찬란』, 문학과지성사, 2010년, 34-35쪽

70

삶의 모든 형태를
나는 맛보고 싶었다

비가 한차례 퍼부은 다음 날에 산책을 나가면 새침하게 고여 있는 물웅덩이들을 발견한다. 오늘은 제법 큰 웅덩이를 만났다.

아이가 입술을 씰룩거리며 나를 바라본다. 들어가도 되겠냐는 의미일 것이다. 바지가 흙탕물에 젖을 것을 염려하다 그만둔다. 아이의 하루 끝을 첨벙첨벙 소리로 마무리하게 해주고 싶다. 아이는 양말까지 벗어 던지고 바지를 걷어 올려 물웅덩이로 서서히 걸어 들어간다. 물웅덩이가 거대한 바다라도 되는 양 조심스럽게 부드러운 물살을 가르며 세상에 없는 미소를 내게 보낸다.

지상에서 누릴 수 있는 축복이 무엇인지 어른들은 온갖 책을 보고 공부하지만, 아이들은 본능적으로 안다. 존재하는 방법을 나는 아이로부터 다시 배우고 있다.

『지상의 양식』, 앙드레 지드

'존재한다는 것'이 나에게는 굉장히 쾌락적인 것이 되었다. 삶의 모든 형태를 나는 맛보고 싶었다. 물고기와 식물들의 삶을. 모든 감각의 즐거움 중에서도 나는 촉감의 즐거움이 제일 탐났다.

가을날 벌판에 소나기를 맞으며 외따로 서 있는 나무. 벌겋게 물든 잎새들이 떨어지고 있었다. 깊이까지 젖은 땅속에서 물이 오랫동안 그 뿌리를 적셔 줄 것이라고 나는 생각했다.

그 나이에 나의 맨발은 젖은 땅, 웅덩이의 찰랑거리는 물결, 서늘하거나 미지근한 진흙의 촉감을 즐겼다. 내가 왜 그렇게 물을, 그리고 특히 물에 젖은 것을 좋아했는지 나는 알고 있다. 물은 공기보다도 더 뚜렷하게 가지각색으로 변화하는 그 온도의 차이를 즉각적으로 느끼도록 해주기 때문이다. 나는 가을의 축축한 바람을 좋아했다…….

— 김화영 옮김, 민음사, 2007년, 127-128쪽

71

스스로에게
거짓말을 하는 사람들은

한 번 화를 내면 백만 가지 장애의 문이 열린다는 말이 있다. 분노에서 오는 아주 찰나의 쾌감을 맛보고 그 후폭풍을 겪어본 사람이라면 누구나 동의할 말이다. 자신에게 하는 분노의 씨앗이라는 것은 내게 새로운 통찰이었다. 화가 날 때마다 되뇌어 보려고 한다. 이것은 거짓말이다, 거짓말이야…….

『카라마조프가의 형제들 1』, 표도르 도스토옙스키

"(……) 스스로에게 거짓말을 하는 사람들은 다른 사람들보다 더 쉽게 화를 낼 수 있습니다. 정말이지 화가 나는 것도 이따금씩 아주 통쾌한 것이지요. 안 그렇습니까? 또한 사람이란, 아무도 자기의 화를 돋우지 않았건만 그저 저 혼자 잔뜩 화가 났노라고 지어내고 멋진 그림을 만들어 내기 위해 장식 삼아 거짓말과 과장을 부풀리고 말꼬리를 물고 늘어져 겨우 콩알 몇 개로 산 하나를 만들었다는 것을 잘 알면서도, 그 자신이 이 점을 잘 알면서도 그럼에도 스스로 버럭 화를 내는데, 그것도 통쾌할 때까지, 커다란 만족을 얻을 때까지 화를 내서 모욕감에 시달리다가 결국엔 상대방을 진정으로 적대시하기에 이르는 것입니다……. (……)"

— 김연경 옮김, 민음사, 2007년, 99쪽

72

하늘에서는
꽃비가 쏟아졌다

은유와 상징은 우리에게 제3의 눈을 선사한다. 새로운 눈으로 우리는 완전히 다른 차원의 시야를 체험한다. 보이지 않는 것을 보게 된다.

부처님의 탄생 설화가 그런 시야를 내게 줬다. 출산 당일, 수레바퀴만큼 큰 연꽃이 대지에서 불쑥 솟아나와 아기를 받쳐주었다. 출산을 도와주는 의사가 천신으로 보였다. 갓 태어난 아기를 씻기고 보살펴 주는 간호사들은 신령한 용이었다. 창밖에서는 꽃비가 내렸다.

지브리 만화에나 나올 법한 터무니없는 상상이지만, 하지 않을 이유가 없다. 상상은 우리의 고통을 완화해 준다.

『부처님의 생애』, 대한불교조계종 교육원 부처님의 생애 편찬위원회

  아기가 걸음을 옮길 때마다 수레바퀴만큼 큰 연꽃이 땅에서 솟아올라 아기 발을 받들었으며, 천지가 진동하고 삼천대천세계가 밝게 빛났다. 사방에서 몰려온 천신들이 지켜보는 가운데 아홉 마리의 용이 따뜻한 물과 차가운 물을 뿌려 아기를 목욕시켰으며, 하늘에서는 꽃비가 쏟아졌다.

_ 조계종출판사, 2023년, 29쪽

73

헌신의 결정으로부터
일련의 사건들이 일어나고

필사를 시작한지 올해로 8년 차, 그사이 남자아이 둘을 낳아 키웠다. 만삭의 몸으로도 기대 앉아 읽고 썼고, 출산 가방에 기저귀는 잊을지언정 책은 잊지 않았다. 갓난아기 젖 먹이면서 한 손에 책을 들었고 낮잠 자는 아이 옆에서 누워 읽었다. 틈만 나면 필사 노트를 펼쳤다. 목적 의식이나 의무감이 없었기에 가능했다. 아이의 유무와 상관없이 독서와 필사는 내 인생 최대치의 즐거움이었다.

　이제야 돌아보니 그것이 하나의 헌신이었다고 느껴진다. 누구도 아닌, 내 자신에 대한 헌신과 전념이었다. 순수한 열중의 시간은 나를 생각지도 못한 곳으로 데려다 주었다. 책에 그은 밑줄과 노트 속 메모들은 내 생의 이력이기도 하다. 잘 보관했다가 아이들에게 물려줄 생각이다.

『성공하는 사람들의 7가지 습관』, 스티븐 코비

   사람이 어떤 것에 전념하게 될 때까지는 망설임, 도중에 그만둘 가능성, 무력함이 언제나 존재한다. 모든 것을 앞서 시작하는 행동(그리고 창조)에는 한 가지 근본적인 진리가 있는데, 이것을 무시하면 수많은 아이디어와 훌륭한 계획들을 망치게 된다. 그 진리란 우리가 무엇인가에 자신을 오롯이 바치는 순간 하늘이 움직인다는 것이다. 그런 헌신이 없었다면 일어나지 않았을 온갖 일들이 일어나 그 사람을 돕는다. 헌신의 결정으로부터 일련의 사건들이 일어나고, 누구도 그를 향해 오리라 꿈꿀 수 없었던, 예상치 못한 온갖 일과 만남, 그리고 물질적 지원이 그 한 사람을 향해 찾아온다.

_ 김경섭 옮김, 김영사, 2023년, 544쪽

74

무언가가 된다는 것은
하나의 과정이고

작심삼일은 게으른 데서 오기보다 서두르는 데서 온다.

3년 동안 매일 한 문장씩 쓰면 1,000문장이 넘는 기록이 된다. 알지만 쉽지 않다. 3년이 지나가기 전에는 그것이 300년처럼 느껴지기 때문이다. 지나간 3년은 언제나 3초처럼 여겨져서 그때 멈추지 말고 계속해 볼 걸 후회만 남는다.

그런데 3만 년쯤 사는 생명이 이런 인간을 바라본다면 매번 후회하는 인간도 귀엽다 여기지 않을까.

『비커밍』, 미셸 오바마

내게 무언가가 된다는 것은 어딘가에 다다르거나 어떤 목표를 달성하는 것을 뜻하지 않는다. 대신 그것은 앞으로 나아가는 움직임, 진화하는 방법, 더 나은 자신을 끊임없이 추구하는 과정이다. 그 여정에는 끝이 없다. 나는 엄마가 되었지만, 아직도 아이들로부터 배울 것이 많고 줄 것도 많다. 나는 아내가 되었지만, 아직도 다른 사람을 진심으로 사랑하고 인생을 함께하는 일에 적응하려고 애쓰는 중이며 때로 그 어려움 앞에서 겸허해진다. 나는 어떻게 보면 권력을 가진 사람이 되었지만, 아직도 때때로 불안하고 내 목소리가 전달되지 않는다고 느낀다.

무언가가 된다는 것은 하나의 과정이고, 하나의 길을 걸어가는 발걸음이다. 인내와 수고가 둘 다 필요하다. 무언가가 된다는 것은 앞으로도 더 성장할 여지가 있다는 생각을 언제까지나 버리지 않는 것이다.

― 김명남 옮김, 웅진지식하우스, 2018년, 554쪽

75

지혜로운 이는
자기를 다룬다

노트를 편다. 긴 소매를 살며시 걷어 올리고 종이에 사뿐 펜 끝을 향한다. 숨결을 가다듬고 음악이 시작되길 기다리는 무용수처럼 펜은 위로 곧다. 가볍게 무게를 실어, 흐르듯 앞으로 나아가고 직선과 곡선으로 공간을 채워 나간다. 사족 없이 간결하고 공격 없이 무해한 문장을 쓸 때는 필체도 덩달아 자분자분해진다.

『불교 성전』, 불교성전편찬회

활 만드는 사람은 화살을 다루고
물 대는 사람은 물을 끌어들이며
목수는 언제나 나무를 깎고 다듬나니
이처럼 지혜로운 이는 자기를 다룬다.

아무리 비바람이 때린다 할지라도
반석은 흔들리지 않는 것처럼
어진 사람은 뜻이 굳세어
비방과 칭찬에도 움직이지 않는다.

깊은 못은 맑고 고요해
물결에 흐리지 않는 것처럼
지혜로운 사람은 진리를 듣고
그 마음 즐겁고 편안하여라.

전쟁에서 수천의 적과
단신으로 싸워 이기기보다
하나의 자기를 이기는 사람
그는 참으로 으뜸가는 용사다. ─ 동국역경원, 2021년, 237-238쪽

76

그것만이 나의
직분이었다

살면서 한 번쯤은 벼랑 끝에 홀로 매달려, '추락'과 '존버'의 기로에 서게 된다.

    무엇을 선택할지 고민하기 전에 주어진 상황을 직시하는 게 먼저 아닐까. 버티지 못하고 그만 추락했는데 생각보다 그렇게 높은 절벽이 아니었을 수 있다. 버틸 만큼 버텼더니 생각지도 못한 구원자가 나타나 구조해 줄 수도 있다.

    이왕 매달리게 된 김에 맨몸으로 암벽 등반을 시도하는 고수들도 있을까. 다른 사람은 떨어졌는지 버티고 있는지 구조되었는지 궁금해하지 않고 '굴절 없이 왜곡 없이, 과장 없이' 아무래도 좋은 운명 하나가 아닌, 자기 운명을 사는 사람들.

『데미안』, 헤르만 헤세

누구나 관심 가져야 할 일은 아무래도 좋은 운명 하나가 아니라 자신의 운명을 찾아내는 것이며, 운명을 자신 속에서 완전히 그리고 굴절 없이 다 살아 내는 일이었다. 다른 모든 것은 반쪽의 얼치기였다. 시도를 벗어남이고, 패거리의 이상(理想)으로의 재도피이고, 자기 자신에 대한 무비판적 적응이자 두려움이었다. 새로운 영상이 무섭고도 성스럽게 눈앞에서 솟았다. 수백 번 예감했고 어쩌면 자주 입 밖에 냈지만 이제 비로소 체험한 것이었다. 나는 자연이 던진 돌이었다. 불확실함 속으로, 어쩌면 새로운 것 속으로, 어쩌면 무(無)로 던져졌다. 그리고 측량할 길 없이 깊은 곳으로부터의 이 던져짐이 남김없이 이루어지게 하고, 그 뜻을 마음속에서 느끼고 그것을 완전히 내 것으로 만드는 것, 그것만이 나의 직분이었다. 오직 그것만이!

— 전영애 옮김, 민음사, 2000년, 169-170쪽

77

아마 그 몇백 개를 다 합치면
정말 자기일지도 모르지

소설을 읽다 보면 종종 도저히 이해 못 할 인물을 만난다. 그때 중도에 책을 덮지 않기 위해 스스로에게 던졌던 질문은 '작가가 왜 이 인물을 창조했는가'였다.

 독자로서 우리가 할 수 있는 일은 불투명한 속내의 등장인물을 이해하려는 시도일 수도 있겠지만, 이해 불가능한 인물을 통해 독자를 혼란에 빠뜨리는 작가의 의도를 헤아려보는 것도 의미가 있다. '정말 이 이야기가 너와 아무 상관 없다고 생각해?'라는 질문을 품으면서 말이다.

 세상과 내가 꼭 맞는 퍼즐처럼 잘 맞아 떨어질 때도 있지만, 삐걱거리고 어긋나는 순간도 있다. 때로는 그 미세한 균열과 간극 속에서 자기 자신에 대해 새롭게 알게 되기도 한다.

『생의 한가운데』, 루이제 린저

  책을 읽었을 때 우리는 책 속에 있는 이 사람 또는 저 사람과 같다는 것을 알게 돼. 그리고 다음 책을 읽었을 때는 또 다른 모습과 같은 걸 알게 돼. 이렇게 끝없이 계속되곤 해. 사람은 몸을 굽히고 자기 자신 속을 들여다보면 몇백 개의 나를 볼 수가 있는데 그 중의 하나도 참 자기가 아니야. 아마 그 몇백 개를 다 합치면 정말 자기일지도 모르지. 아무것도 아직 결정되지 않았어. 우리는 우리가 원하는 것이 될 수 있다고 적어도 믿고 있어. 그렇지만 우리는 이 수많은 자기 중에서 다만 하나만, 미리 정해진 특정의 하나만을 택할 수 있을 뿐이야.

— 전혜린 옮김, 문예출판사, 1998년, 79-80쪽

이 책에 인용된 작품들은 저작권자에게 허락을 구하여 사용했습니다. 권리자를 찾지 못한 몇몇 작품들의 경우, 추후 연락을 주시면 사용에 대한 허가 절차를 밟고 조치를 취하겠습니다. 작품 인용을 허락해 주신 분들께 감사드립니다.

고요해지기 위해 씁니다

초판 1쇄 2025년 9월 22일

지은이 | 조미정
펴낸이 | 송영석

주간 | 이혜진
편집장 | 박신애 **기획편집** | 최예은 · 이나연
디자인 | 박윤정 · 유보람
마케팅 | 김유종 · 한승민
관리 | 송우석 · 전지연 · 채경민

펴낸곳 | (株)해냄출판사
등록번호 | 제10-229호
등록일자 | 1988년 5월 11일(설립일자 | 1983년 6월 24일)

04042 서울시 마포구 잔다리로 30 해냄빌딩 5 · 6층
대표전화 | 326-1600 **팩스** | 326-1624
홈페이지 | www.hainaim.com

ISBN 979-11-6714-127-9

파본은 본사나 구입하신 서점에서 교환하여 드립니다.